KLEINE REIHE
GESCHICHTE
DIDAKTIK UND METHODIK

AF559431

Christian Winklhöfer

Urteilsbildung im Geschichtsunterricht

WOCHEN
SCHAU
VERLAG

Bibliografische Information der Deutschen Nationalbibliothek

Die Deutsche Nationalbibliothek verzeichnet diese Publikation in der Deutschen Nationalbibliografie; detaillierte bibliografische Daten sind im Internet über http://dnb.d-nb.de abrufbar.

Die Kleine Reihe Geschichte wird herausgegeben von Bernward Debus, Bettina Degner, Saskia Handro und Christoph Kühberger

© WOCHENSCHAU Verlag
Dr. Kurt Debus GmbH
Frankfurt/M. 2021

www.wochenschau-verlag.de
Alle Rechte vorbehalten. Kein Teil dieses Buches darf in irgendeiner Form (Druck, Fotokopie oder einem anderen Verfahren) ohne schriftliche Genehmigung des Verlages reproduziert oder unter Verwendung elektronischer Systeme verarbeitet werden.

Titelgestaltung: Ohl Design
Umschlagbild: Artenauta, adobe stock
Gesamtherstellung: Wochenschau Verlag
ISBN 978-3-7344-1173-1 (Buch)
E-Book ISBN 978-3-7344-1174-8 (PDF)

Inhalt

1. Urteilsbildung – Ein geschichtsdidaktisches Kernanliegen

„ICE mit Namen ‚Anne Frank' – Würdevoll oder geschmacklos?" fragte das Online-Angebot der Tagesschau im Herbst 2017, nachdem die Deutsche Bahn bekannt gegeben hatte, dass einer ihrer Züge nach dem im KZ Bergen-Belsen ermordeten Mädchen benannt werden sollte. Nach einer kurzen, aber heftigen Debatte in der Öffentlichkeit nahm das Unternehmen schließlich von seinem Plan Abstand.

Diese kurze Episode zeigt nicht nur, dass Vergangenheit stets gegenwärtig ist und dass die Fragen nach ihrer vermeintlich richtigen Deutung und dem angemessenen Umgang mit ihr oft zu Kontroversen führen (vgl. Sabrow/Jessen/Große Kracht 2003). Das Beispiel verdeutlicht auch, dass die Beantwortung der auf den ersten Blick simplen Alternativfrage – „Würdevoll oder geschmacklos?" – komplex und voraussetzungsreich ist, möchte man sie nicht impulsiv und aus dem Bauch heraus angehen: Neben historischem Wissen über Anne Frank, den Nationalsozialismus, den Holocaust sowie über die Rolle der Reichsbahn bei Deportationen und Kenntnissen darüber, dass die Deutsche Bahn aus der Deutschen Reichsbahn hervorging, bedarf es Einblicke in den aktuellen Erinnerungsdiskurs sowie klarer Wertmaßstäbe, um die Benennung des Zuges als würdevoll oder geschmacklos zu bewerten. Ferner sind sprachliche Fähigkeiten nötig, um die eigene Position argumentativ zu vertreten.

Bedeutung historischer Urteilsbildung und historischer Urteilskompetenz

Bei historischer Urteilsbildung handelt es sich also um einen äußerst komplexen Prozess, der nicht nur Lernende, sondern auch Lehrkräfte vor Herausforderungen stellt (vgl. Dzubiel/Giesing 2014; Fauth/Kahlcke 2020). Gleichwohl führt das Beispiel vor Augen, wie wichtig es ist, dass der Geschichtsunterricht die Kompetenz fördert, sich reflektiert mit solchen geschichtskulturellen Phänomenen auseinandersetzen und Position beziehen zu können. Historische Urteilsbildung gilt daher zurecht als „Herzstück des Faches Geschichte“ (Zülsdorf-Kersting 2016, 197) und ist seit jeher eng mit dem Anspruch verknüpft, die Fähigkeit zum historischen Denken und die Ausbildung eines reflektierten Geschichtsbewusstseins zu fördern (vgl. Gosmann 1978; Jeismann 1974; 1978a,b; 1980; 2000; Rüsen 1997b; 2008a; Weymar 1970). Die Bedeutung historischer Urteilbildung spiegelt sich auch in den Prüfungsanforderungen für das Abitur in Deutschland (vgl. KMK 2005) und den unterschiedlichen geschichtsdidaktischen Kompetenzmodellen (vgl. Barricelli/Gautschi/Körber 2012). Zudem leistet der Geschichtsunterricht durch die Förderung historischer Urteilskompetenz einen Beitrag zur politischen Bildung (vgl. KMK 2018) und hilft dabei, die Lernenden zu mündigen Bürger*innen in der demokratischen Gesellschaft zu erziehen.

Anliegen des Bandes

Trotz dieses fachlichen Common Sense erfolgte die Beschäftigung mit historischer Urteilsbildung in der Geschichtsdidaktik bisher eher punktuell und wenig systematisch. Eine Synthese einzelner Ansätze existiert nicht. Hier setzt der vorliegende Band an, indem er die theoretischen Überlegungen in ein Modell historischer Urteilsbildung für die Praxis zusammenführt und dabei zudem Befunde der geschichtsdidaktischen Lehr-Lernforschung berücksichtigt.

Aufbau des Bandes

Kapitel 2 führt hierfür in die theoretischen Grundlagen der Urteilsbildung aus psychologischer, geschichtstheoretischer und geschichtsdidaktischer Perspektive ein. Davon ausgehend formuliert Kapitel 3 unterrichtspragmatische Konsequenzen. Im Zentrum steht dabei ein geschichtsdidaktisches Modell der Urteilsbildung, das zur Planung, Durchführung und Evaluation von Geschichtsunterricht genutzt werden kann und sich zum Ziel setzt, historische Urteilskompetenz zu fördern. Wie dies in der Praxis aussehen kann, verdeutlicht Kapitel 4 anhand konkreter Unterrichtsbeispiele, die klassische Inhalte des Geschichtsunterrichts der Sekundarstufe I und II thematisieren.

2. Theoretische Grundlagen der Urteilsbildung

2.1 Urteilen aus psychologischer Perspektive

Alltagsweltliche Definition

Wenn man sich ein Urteil bildet, so versteht man darunter alltagssprachlich die Einnahme eines wertenden Standpunktes (vgl. Zülsdorf-Kersting 2016, 198). Häufig spricht man auch davon, sich eine Meinung zu bilden. In diesem alltäglichen Sinne ist ein Urteil auf elementarer Ebene „nichts anderes als eine Feststellung, die sprachlich durch einen Behauptungssatz ausgedrückt wird." (Detjen 2013, 9)

Urteilen im Alltag

Egal ob im Straßenverkehr, am Arbeitsplatz oder bei zwischenmenschlichen Begegnungen: Menschen sind im Alltag ständig mit Ereignissen, Personen oder Sachverhalten konfrontiert, die sie beurteilen müssen, um sich in ihrer Umwelt zurechtzufinden und effektiv handeln zu können. Die Psychologie untersucht Urteile daher als Endprodukte alltäglicher Denkprozesse. Sie bilden Entscheidungsgrundlagen, die dabei helfen, eine Situation zu bewältigen. „Mit Urteilen bezeichnen wir den psychologischen Prozess, der zugrunde liegt, wenn Menschen einem Urteilsobjekt einen Wert auf einer Urteilsdimension zuordnen und das daraus resultierende Urteil explizit zum Ausdruck bringen." (Betsch/Funke/Plessner 2011, 12) Urteilen, Entscheiden und Problemlösen sind daher eng miteinander verbundene Vorgänge.

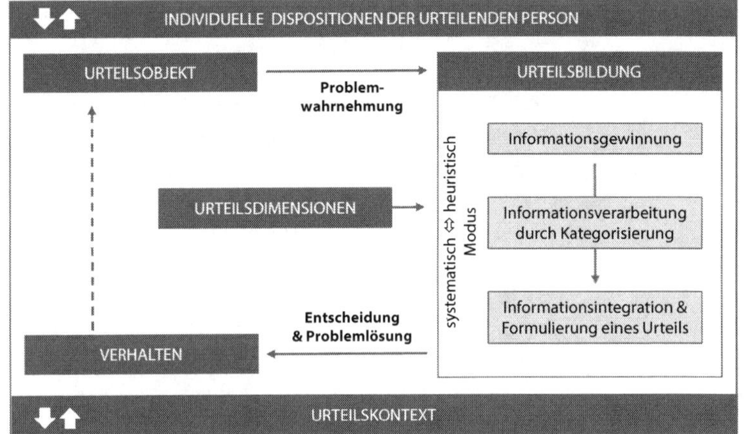

Abb. 1: Urteilsbildung aus psychologischer Perspektive in Anlehnung an Betsch/Funke/Plessner 2011 (eigene Darstellung)

Merkmale des Urteilens

Aus psychologischer Sicht lassen sich Urteile und der Prozess des Urteilens durch folgende zentrale Merkmale genauer beschreiben (vgl. Betsch/Funke/Plessner 2011, 1–63; s. Abb. 1):

- Im Fokus der Beurteilung steht immer ein *Urteilsobjekt*, also ein Phänomen, das beurteilt werden soll, um so eine *Entscheidung* für ein konkretes *Verhalten* zu treffen und ein mit dem Objekt verbundenes *Problem* zu lösen.
- Die Beurteilung des Phänomens erfolgt auf einer konkreten *Urteilsdimension*. Diese Dimension ist die Grundlage bzw. der Maßstab, der zur Beurteilung herangezogen wird. Ein Urteil kann beispielsweise Wertungen auf evaluativer Dimension enthalten und das Urteilsobjekt als positiv oder negativ, angemessen oder unangemessen, gefährlich oder ungefährlich etc. beurteilen.
- Urteile werden *schritt- bzw. stufenweise* gebildet. Informationen werden gesammelt, verarbeitet und an die nächste Stufe weitergeleitet. Die Informationsverarbeitung erfolgt dabei jeweils durch stufenspezifische *kognitive Operationen*. Am Ende werden sie in ein Urteil überführt und zum Ausdruck gebracht.
- Bei diesem Prozess lassen sich in analytischer Hinsicht zwei *Modi der Informationsverarbeitung und Urteilsbildung*

unterscheiden, die jedoch in unterschiedlichem Maße interagieren (vgl. Strack/Deutsch 2004). So kann der Prozess der Informationsverarbeitung auf minimaler Datenbasis und eher impulsiv unter Rückgriff auf einfache Entscheidungsregeln, Schemata oder sog. Urteilsheuristiken (vgl. Bless/Keller 2006) erfolgen. Diese *heuristisch-impulsive* Informationsverarbeitung ist kognitiv wenig anstrengend und kann auch automatisch ablaufen. Zum anderen kann der Prozess umgekehrt auch *systematisch-reflektiert*, d.h. stark datengeleitet, bewusst kontrolliert und auf Basis komplexer Entscheidungsregeln erfolgen. Dieses Vorgehen ist kognitiv anspruchsvoll und setzt entsprechende Motivation und Fähigkeiten auf Seiten der urteilenden Person voraus.

- Daraus folgt, dass im Prozess der Urteilsbildung auf der einen Seite die *individuellen Dispositionen* des urteilenden Menschen eine wichtige Rolle spielen. Entsprechend spiegeln Urteile die Lebens- und Lernerfahrungen der urteilenden Person. Auf der anderen Seite prägen *Einflüsse aus der Umwelt bzw. aus dem Urteilskontext* den Urteilsprozess. Hierzu gehört die Art und Weise, wie Informationen dargeboten werden und wie Urteilsobjekt und Urteilsaufgabe kontextuell eingebettet sind.

2.2 Urteilen aus geschichtstheoretischer Perspektive

Historische Urteile

Was aus psychologischer Perspektive für das Urteilen in alltäglichen Situationen gilt, lässt sich grundsätzlich auch auf die historische Urteilsbildung übertragen: Historische Urteile lassen sich als Produkte eines mehr oder weniger systematisch ablaufenden kognitiven Prozesses der Informationsgewinnung und -verarbeitung modellieren. Auf diese Weise wird es möglich, aus der Gegenwart heraus ein historisches Phänomen zu verstehen und zu erklären, um Antworten auf individuelle oder gesellschaftliche Probleme zu finden, die z.B. durch Kontingenzerfahrungen und Orientierungsbedürfnisse ausgelöst werden. Bei historischen Urteilen handelt es sich entsprechend um Sinnbildungen des Geschichtsbewusstseins in Form individueller Vergangenheitsdeutungen und -wertungen, die auf Basis von Gegenwartserfahrungen und Zukunftserwartungen gebildet und in der Regel argumentativ begründet und vertreten werden (vgl. Jeismann 1978a,b; 1980; 1997; 2000; Rüsen 1997b; 2008a).

Trotz dieser grundsätzlichen Gemeinsamkeiten lassen sich auch fundamentale Unterschiede zwischen dem Beurteilen von Alltagssituationen und von historischen Phänomenen feststellen. Dies hat maßgeblich mit den Eigenarten des Urteilsobjekts zu tun.

Besonderheiten der historischen Urteilsbildung

Historische Urteilsbildung rekurriert immer auf *Vergangenes*, das für die urteilende Person nicht mehr direkt erfahrbar ist. Das Urteilsobjekt lässt sich daher nur in seiner medialen Überlieferung erschließen. Da Quellen vergangene Wirklichkeit aber nie vollständig, eindeutig oder gar objektiv abbilden, folgt daraus, dass die Beurteilung des historischen Phänomens immer verbunden ist mit der Beurteilung der *materiellen Überlieferung* selbst. Gleiches gilt auch für den Fall, das gegenwärtige Deutungen und Wertungen beurteilt werden, die ebenfalls nur medial fassbar sind.

Weil die urteilende Person zudem aus ihrer gegenwärtigen Situation heraus über ein Phänomen urteilt, das entweder in der Vergangenheit verortet ist oder sich auf Vergangenes bezieht, ist historische Urteilsbildung immer geprägt durch eine *Kontingenz- oder Zeitdifferenzerfahrung* (vgl. Rüsen 2008a, 65 f.). Entsprechend sind verschiedene Kontexte bei der historischen Urteilsbildung zu beachten: ein in der Regel vergangener, aus dem das Material stammt und auf den es Bezug nimmt, wobei diese nicht zwangsläufig identisch sein müssen, sowie ein gegenwärtiger Kontext, aus dem heraus die urteilende Person ein Urteil auf Basis ihrer Erfahrungen und Zukunftserwartungen formuliert (vgl. Bergmann 1997, 301). Diese zeitliche Differenzerfahrung ist oftmals Auslöser historischer Urteilsbildung, stellt jedoch die urteilende Person gleichzeitig auch vor Herausforderungen, weil der zeitliche Abstand das Verstehen und Erklären des Phänomens erschwert.

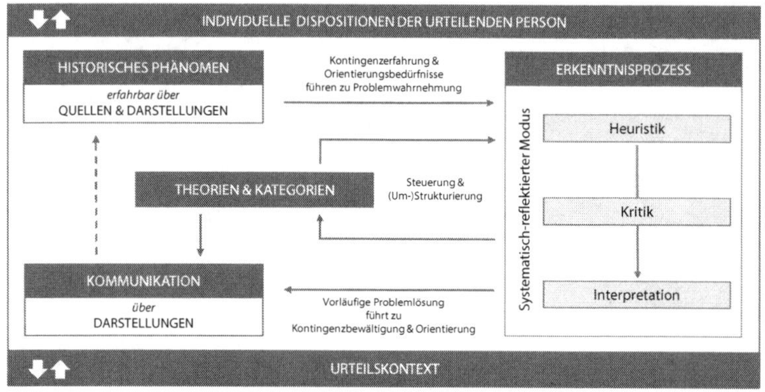

Abb. 2: Systematisch-reflektierte Urteilsbildung und historischer Erkenntnisprozess

Bedeutung historischer Erkenntnis verfahren

Um diesen Herausforderungen bei der Auseinandersetzung mit historischen Phänomenen zu begegnen, nutzt die Geschichtswissenschaft historische Erkenntnisverfahren. „Historische Erkenntnisverfahren umfassen ein Ensemble von Methoden, Strategien und Theorien, denen historisches Denken folgt. Sie regeln, wie vergangene Wirklichkeit vergegenwärtigt wird, wie Aussagen über Vergangenheit wissenschaftliche Geltung erlangen und wie der Prozess der Forschung durch Erkenntnisgewinnung diskursiv gehalten wird." (Handro 2015, 24) Im Zuge dieses Prozesses werden systematisch historische Urteile in Form von Deutungen und Wertungen gebildet (vgl. ebd. 29–38; s. Abb. 2):

1. *Heuristik:* Bevor überhaupt historisch geforscht werden kann, bedarf es grundsätzlicher Überlegungen darüber, welche Erkenntnisse man eigentlich gewinnen möchte. „Am Anfang der Forschung steht die historische Frage." (Rüsen 2013, 174) Sie grenzt den Gegenstand ein und steuert die Quellenauswahl sowie deren spätere Auswertung. Nach einer systematischen Auseinandersetzung mit dem Forschungsstand, der über historische Darstellungen erschlossen wird, können Forschungshypothesen abgeleitet werden.
2. *Kritik:* Im zweiten Schritt geht es darum, die recherchierten Quellen kritisch auszuwerten und so Erkenntnisse über den Untersuchungsgegenstand zu gewinnen. Im

Zuge der äußeren Quellenkritik wird zum einen überprüft, ob das Material echt ist und ob es im Verlauf seiner Existenz Veränderungen erfahren hat. Zum anderen gilt es, formale Merkmale nach Gattung, Verfasser*in, Jahr etc. zu klären. Die innere Quellenkritik richtet den Fokus auf den Inhalt und die Gestaltung des Materials. Hierbei werden zum einen die Kernaussagen ermittelt und überprüft, ob die dokumentierten Sachverhalte unter Berücksichtigung des historischen Kontextes grundsätzlich plausibel erscheinen. Insgesamt geht es im Schritt der Kritik somit um die Beurteilung des Quellenwertes im Lichte der historischen Frage (vgl. Rüsen 2013, 180 f.).

3. *Interpretation:* Nachdem die verschiedenen Quellen, die den Sachverhalt im Idealfall aus unterschiedlichen Perspektiven beleuchten, kritisch ausgewertet worden sind, gilt es im Schritt der Interpretation die ermittelten Informationen mit Blick auf die historische Frage zusammenzuführen, zu systematisieren und in einen Sinnzusammenhang zu bringen. Das Phänomen wird hierbei im historischen Kontext gedeutet und ggf. im Hinblick auf seine Bedeutung für die Gegenwart bewertet, d.h. es werden historische Sach- und Werturteile formuliert. Mitunter lässt sich aus den gewonnenen Einsichten auch eine Theorie ableiten, mit der vergleichbare Phänomene erklärt werden können. Zusammengefasst ist die „Interpretation diejenige historische Forschungsoperation, die intersubjektiv überprüfbar die quellenkritisch ermittelten Tatsachen der Vergangenheit zu Zeitverläufen zusammenfügt, die eine erklärende Funktion haben und als Geschichten dargestellt werden können." (Rüsen 2013, 185) In diesem Sinne können historische Urteile auch als narrative Konstrukte verstanden werden (vgl. Becker 2010, 133; 2012, 323–325).
4. *Kommunikation:* Die im Erkenntnisprozess erworbenen Einsichten und Urteile müssen schließlich dargestellt und kommuniziert werden. Je nach lebensweltlicher Funktion der präsentierten Deutungen und Wertungen (Orientierung, Bildung, Unterhaltung, Legitimation etc.), der damit verbundenen Kommunikationsabsicht (Informieren, Über-

zeugen, Gedenken, Unterhalten etc.) sowie des spezifischen Kommunikationskontextes (zeitliche, örtliche, formale etc. Rahmenbedingungen, potentieller Adressatenkreis) stehen verschiedene fachlich-disziplinäre und geschichtskulturelle Darstellungsformate zur Verfügung (vgl. Handro 2018, 32f.). In Abhängigkeit vom Format folgt die Darstellung einem eher erzählenden oder einem stärker argumentierenden Prinzip (vgl. Günther-Arndt 2010, 34; Kocka 1989). Die gewonnenen Erkenntnisse werden in den Diskurs eingebracht und der Überprüfung ausgesetzt. Dabei geht es nicht um richtig oder falsch, sondern darum zu diskutieren, ob die historische Frage plausibel, d.h. intersubjektiv nachvollziehbar und schlüssig beantwortet worden ist, sodass man den präsentierten Deutungen und Wertungen zustimmen kann (vgl. Kocka 1977; Rüsen 2013, 57–62).

Nach Rüsen (2013) müssen historische Erzählungen auf vier Ebenen plausibel sein, die sich grob mit den einzelnen Schritten des historischen Erkenntnisprozesses in Beziehung setzen lassen:

1. Historische Erzählungen müssen empirisch plausibel sein, d.h. sie müssen auf Tatsachen fußen und Bezug nehmen, die durch systematische Materialauswertungen gewonnen wurden. Sie sind zustimmungsfähig, wenn sie nicht im Widerspruch zu irgendeinem Material stehen.
2. Historische Erzählungen müssen theoretisch plausibel sein, d.h. sie müssen unter reflektiertem Rückgriff auf wissenschaftliche Theorien und Kategorien gebildet und begründet sein. Sie sind zustimmungsfähig, wenn der theoretische Rahmen sinnvoll gewählt und systematisch angewandt wurde und die Deutungen so Erklärungskraft entfalten.
3. Historische Erzählungen müssen normativ plausibel sein, d.h. sie legen Erkenntnisinteresse, Perspektiven und Normen, die bei der Deutung und Wertung leitend sind, offen, reflektieren sie und wägen mögliche Alternativen ab. Sie sind zustimmungsfähig, wenn keine erkenntnisverstellende Parteilichkeit vorliegt und man den Norm- und Wertvorstellungen folgen kann.
4. Historische Erzählungen müssen narrativ plausibel sein, d.h. sie müssen die historische Frage möglichst umfassend beantworten, dadurch Kontingenzerfahrungen auflösen und Orientierungsbedürfnisse der Gegenwart befriedigen. Hierfür müssen die Erkenntnisse in einer zusammenhängenden, logisch schlüssigen Darstellung kommuniziert und argumentativ vertreten werden.

Weitere Merkmale historischer Urteilsbildung

Die Ausführungen verdeutlichen zum einen, dass historische Urteilsbildung sowohl eine *kognitive* als auch eine *diskursive Komponente* umfasst. Subjektbezogenes Verstehen und objektivierendes, nach außen gerichtetes Erklären sind im historischen Erkenntnis- und Urteilsprozess aufs Engste verknüpft (vgl. Handro 2015, 40). Zum anderen führen sie vor Augen, dass im historischen Erkenntnisprozess *verschiedene Teilurteile* formuliert werden, die für die Bildung eines abschließenden, die historische Frage beantwortenden Gesamturteils von zentraler Bedeutung sind. Zu nennen sind hier v.a. die hypothesenartigen Vor-Urteile oder Urteile über den Quellenwert des Materials. Schließlich verweisen die Ausführungen darauf, dass historische Urteile das Ergebnis eines materialbasierten Rekonstruktionsprozesses sind und daher keine endgültigen Wahrheiten darstellen. Als stets *vorläufige Deutungs- und Orientierungsangebote* müssen sie sich im Diskurs bewähren und können mitunter zum Ausgangspunkt für neue Forschungsfragen werden. „Am Ende der Urteilsbildung steht immer ein neuer Anfang." (Becker 2010, 135)

Bedeutung von Theorien und Kategorien

Schließlich verdeutlichen die Ausführungen, dass es für die Formulierung und Kommunikation historischer Urteile spezifischer *Kategorien* bedarf, die als Maßstab für die Beurteilung von Materialien, der ermittelten Informationen und historischer Phänomene dienen können. Kategorien sind Konstrukte, die als heuristische Hilfsmittel zur Erfassung und Beschreibung, Ordnung und Klassifizierung, Erklärung und Deutung von Wirklichkeit fungieren. Sie können fachspezifisch oder fachübergreifend ausgelegt sein (vgl. Kayser/Hagemann 2010, 38 f.). Kategorien fußen auf *Theorien* oder *Konzepten* bzw. lassen sich aus ihnen ableiten (vgl. Handro 2015, 42; Kocka 1989, 13). Diese können wissenschaftsförmig oder eher alltagsweltlich ausgeprägt sein. *Kriterien* beschreiben eine Kategorie inhaltlich. Weist ein Phänomen bestimmte Merkmale auf bzw. erfüllt es festgelegten Kriterien, so lässt es sich entsprechend kategorisieren und beurteilen. Die Kriterien dienen bei der Begründung des Urteils als Argumente (vgl. Kayser/Hagemann 2010, 38 f.). Auf kommunikativer Ebene sorgen Theorien, Kategorien und Kriterien somit für die Strukturierung und begriffliche Schärfung des historischen Urteils (vgl. Kocka 1989, 13 f.). Zusammengefasst spiegeln sie somit „kategoriale Einsichten [...], die das Denken, Verstehen und Beurteilen im Fach Geschichte begründen und ermöglichen" (Rohlfes 1974, 17).

Ein Beispiel: Möchte man beurteilen, ob es sich bei einem bestimmten Verhalten um eine Form des Widerstandes (=Kategorie) gegen das NS-Regime handelt, benennt man zunächst Merkmale, die eine Widerstandshandlung als solche kennzeichnen (=Kriterien). Hierfür kann man z. B. auf die Systematik von Detlev Peukert (=Theorie) zurückgreifen. Anschließend überprüft man, inwiefern die aus den Quellen rekonstruierten Handlungen diese Kriterien erfüllen. Auf diese Weise wird ein Verhalten gedeutet und ihm eine Bedeutung in seiner Zeit zugewiesen, indem man es als Widerstandshandlung gegen die NS-Herrschaft beurteilt oder nicht. Das gebildete Sachurteil kann dann unter Rückgriff auf die Kategorien und Kriterien sowie mit Verweis auf entsprechende Quellenpassagen argumentativ vertreten werden (vgl. Sauer 2017, 144 f.).

Natürlich geht die Geschichtswissenschaft nicht nur deduktiv vor. Kategorien können auch am Material entwickelt und so neue Theorien formuliert werden, mit denen sich konkrete Phänomene erklären lassen. Die Überprüfung, Anpassung und Veränderung von Theorien und Kategorien ist wichtiger Bestandteil wissenschaftlicher Praxis (vgl. Mayer/Pandel 1979, 180 f.).

Zwei Modi historischer Urteilsbildung

Nun ist es so, dass historische Urteile nicht nur in der Geschichtswissenschaft gefällt werden. Historische Urteile begegnen einem ebenso in der außerwissenschaftlichen Geschichtskultur, im politischen Diskurs, auf Twitter oder am Stammtisch. Zwar lassen sich gewisse Unterschiede im Hinblick auf ihre gesellschaftlichen und individuellen Funktionen sowie mit Blick auf bevorzugte Präsentationsformen erkennen; der wesentliche Unterschied besteht aber darin, wie die Urteile jeweils gebildet werden (vgl. Handro 2015, 25). Ähnlich wie in der Psychologie sind zwei Modi der Urteilsbildung zu unterscheiden:

- Die *systematisch-reflektierte historische Urteilsbildung* ist am historischen Erkenntnis- und Kommunikationsprozess orientiert. Sie erfolgt leitfragenorientiert und materialbasiert sowie unter Rückgriff auf wissenschaftliche Konzepte und Theorien, die als Urteilsdimensionen herangezogen werden, um ein abwägendes und am Ende plausibles Urteil zu fällen, dieses im Diskurs argumentativ zu vertreten, es zu reflektieren und ggf. anzupassen.

- Die *heuristisch-impulsive historische Urteilsbildung* erfolgt unter Rückgriff auf Alltagskonzepte, die als Urteilsheuristiken eine Positionierung zu einem Phänomen auch ohne systematische Materialauswertung erlauben. Diese Konzepte haben sich beim Verstehen und Erklären lebensweltlicher Phänomene bewährt und werden unreflektiert auf historische Phänomene übertragen. Als kognitive Schemata sorgen sie z.B. dafür, dass „arm/reich“ und „oben/unten“ als universelle Deutungskategorien genutzt werden (vgl. Günther-Arndt 2006; 2014, 28–33) und individuelle Identitätskonzepte und -bedürfnisse die Werturteilsbildung beeinflussen (vgl. Köster 2013). In diesen Alltagskonzepten können sich darüber hinaus auch Vorurteile und Stereotype spiegeln (vgl. Bergmann 1988; Bless/Keller 2006, 297; Pendry 2014, 111 u. 114; Schmid 1997).

Die Übergänge zwischen den beiden Modi sind fließend, häufig laufen beide Formen im Urteilsprozess parallel ab (vgl. Strack/Deutsch 2004). Auch im historischen Erkenntnisprozess greifen etwa bei der Problemwahrnehmung oder der Hypothesenformulierung bereits vorhandene Urteilsheuristiken. Die Kunst besteht jedoch darin, sich ihrer bewusst und bereit zu sein, sie zugunsten einer systematischen Urteilsbildung zurückzustellen und im Zuge des Erkenntnisprozesses anzupassen (vgl. Pendry 2014, 125–138).

2.3 Urteilen aus geschichtsdidaktischer Perspektive

Urteilsbildung und historisches Lernen

Mit Blick auf das historische Lehren und Lernen muss es darum gehen, die Lernenden schrittweise zur systematisch-reflektierten Urteilsbildung zu befähigen: „Der Weg geht vom Reflex zur Reflexion.“ (Bergmann 2008, 61) Mit diesem Anspruch sind weitere fachliche und überfachliche Ziele des Geschichtsunterrichts eng verknüpft:

- Förderung eines reflektierten Geschichtsbewusstseins und damit verbunden Einsichten in die Epistemologie des Faches sowie die Befähigung zum historischen Denken, die eine kritisch-reflektierte Teilhabe an der Geschichtskultur ermöglicht (vgl. Jeismann 1978a,b; 1980; 1997; 2000; Rüsen 1997b; 2008a);
- Förderung einer Grundhaltung, die offen ist für unterschiedliche Perspektiven und Meinungen, diese als konstitutiv für das Zusammenleben in pluralistischen Gesellschaften versteht und die den freiheitlichen und demokratischen Grund- und Menschenrechten entspricht (vgl. KMK 2018; Bergmann 2008, 31–39).

Die Befähigung zur historischen Urteilsbildung nimmt daher sowohl in geschichtsdidaktischen Kompetenzmodellen (vgl. Barricelli/Gautschi/Körber 2012) als auch in den Einheitlichen Prüfungsanforderungen für das Abitur in Deutschland (KMK 2005) eine zentrale Stellung ein. Gleiches gilt für die Kernlehrpläne der Länder, die teilweise hierfür eigens eine Urteilskompetenz ausweisen.

Urteilsbildung nach Karl-Ernst Jeismann

Theoretische wie unterrichtpragmatische Ausführungen zur Urteilsbildung werden im geschichtsdidaktischen Diskurs meist unter Rückgriff auf die Überlegungen von Karl-Ernst Jeismann (1974; 1978a,b; 1980; 2000) formuliert, die an frühere Arbeiten von Ernst Weymar (1970) anknüpfen und später von Jörn Rüsen (1997; 2008a) sowie Klaus Bergmann (2008) aufgegriffen worden sind. Jeismann unterscheidet drei Operationen des Geschichtsbewusstseins, die er als *Dimensionen des historischen Denkens und Urteilens* ausdifferenziert und so für die Unterrichtspraxis handhabbar macht:

- *Dimension der Analyse:* Im Zuge der Sachverhaltsanalyse wird ein historisches Phänomen derart beschrieben, wie es sich in einem konkreten Material darstellt. Es handelt sich somit um einen Vorgang der Materialerschließung mit dem Ziel, Informationen über einen Sachverhalt zu gewinnen. Da die Materialien deutend erschlossen werden müssen, kommt es auch auf der Dimension der Analyse zur Formulierung von Urteilen. Man kann in diesem Zusammenhang von „Feststellungsurteilen" (Detjen

2013, 50–52) oder „konstatierenden Urteilen“ (Bergmann 2008, 63) sprechen.

- *Dimension des Sachurteils:* Ein historisches Phänomen wird in seinen zeitgenössischen Kontext eingeordnet. Innerhalb dieses Bezugsrahmens wird das Phänomen mit anderen Sachverhalten in Beziehung gesetzt, sodass eine Beurteilung von Wirkung und Bedeutung in seiner Zeit und ggf. für die Folgezeit möglich wird. Beispiele wären etwa, dass man die Ständekämpfe und ihre Bedeutung für die Konstitution der Römischen Republik beurteilt oder dass man die Qualität und Aussagekraft eines Historikerurteils hierüber einschätzt. Historische Sachurteile können somit als deutende Schlussfolgerungen mit dem Ziel verstanden werden, die Phänomene im historischen und diskursiven Kontext ihrer Zeit zu verstehen und zu erklären. Historische Sachurteile können schlicht als „Deutungen“ oder „Interpretationen“ (Rüsen 1997b, 305; 2008, 66 f.) oder „deutende Urteile“ (Bergmann 2008, 63) bezeichnet werden.
- *Dimension der Wertung:* Die urteilende Person bezieht selbst persönlich Stellung zu einem historischen Phänomen. Dies erfolgt auf zwei miteinander verbundenen Ebenen (vgl. Thünemann 2020, 17 f.). Zum einen wird das Phänomen auf Basis gegenwärtiger Normen und Werte beurteilt. Eine entsprechende Auseinandersetzung kann Unterschiede zwischen zeitgenössischen und gegenwärtigen bzw. eigenen und fremden Wertesystemen sichtbar machen und so zur Reflexion individueller und gesellschaftliche Wertvorstellungen anregen (vgl. John 2020, 111 f.). Zum anderen gehört zur Dimension der Wertung auch die Beurteilung und Reflexion der individuellen und gesellschaftlichen Relevanz eines Phänomens für Gegenwart und Zukunft. Funktion und Ziel historischer Werturteilsbildung sind entsprechend Orientierung und Identitätsbildung. Historische Werturteile enthalten daher oftmals präskriptive Aspekte, indem sie Aussagen darüber treffen, wie etwas (nicht) sein sollte (vgl. Detjen 2013, 11 f.), wenn beispielsweise

Lehren für die Gegenwart aus der der NS-Zeit gezogen werden oder über den Sinn von Straßenumbenennungen diskutiert wird.

Verschränkung der Dimensionen

Es ist zurecht mehrfach darauf verwiesen worden, dass sich die einzelnen Dimensionen nur in analytischer Hinsicht trennen lassen und auch nicht unbedingt in der beschriebenen Reihenfolge durchlaufen werden, sondern im Denk- und Urteilsprozess auf unterschiedliche Weise miteinander verschränkt und aufeinander bezogen sind (vgl. Gosmann 1978, 71; Jeismann 1978a, 58f.; 1978b, 81f.; 2000, 65; Rüsen 2008, 64 u. 68; Weymar 1970, 202). Besonders die Grenze zwischen Sach- und Werturteil lässt sich mitunter nur schwer ziehen (vgl. z.B. Peters 2020, 49–51), was u.a. daran liegt, dass historische Urteile in der Regel sprachlich verfasst sind und Sprache niemals wertfrei sein kann (vgl. Becker 2010, 133; Weymar 1970, 200–205). Die Trennung der drei Dimensionen ist trotzdem didaktisch sinnvoll, sensibilisiert sie doch für unterschiedliche Subjektivitätsgrade der verschiedenen Urteile, für die jeweils mit ihnen verbundenen Erkenntnisziele sowie die spezifischen Denkoperationen des Geschichtsbewusstseins.

Weitere Ansätze

Auch wenn Jeismanns Dreischritt den geschichtsdidaktischen Diskurs prägt, sind mit dem *Modell der historisch-politischen Urteilsbildung* von Jörg Kayser und Ulrich Hagemann (2010; Hagemann 2020) sowie dem *Historical Reasoning*-Modell von Carla van Boxtel und Jannet van Drie (2018) mindestens zwei weitere Ansätze zu nennen, die in der Praxis und Forschung zunehmend an Bedeutung gewinnen und für weitere Aspekte der historischen Urteilsbildung sensibilisieren.

Historisch-politische Urteilsbildung n. Kayser/Hagemann (2010; Hagemann 2020)

Das Modell betont besonders die Urteilsdimensionen und die Begründung des Urteils. Kayser und Hagemann heben hervor, wie wichtig es sei, Phänomene anhand konkreter Kriterien zu beurteilen, die aus wissenschaftlichen Kategorien abgeleitet werden. Zudem müsse man sich bewusst sein, dass Urteile immer nur auf einen Ausschnitt der Realität Bezug nehmen und es unterschiedliche Sichtweisen auf einen Sachverhalt gebe. Entsprechend lassen sich Betrachtungsebenen im Sinne geschichtswissenschaftlicher Dimensionen (vgl. Gautschi/Bernhardt/Mayer 2012, 328–330) sowie unterschiedliche Perspektiven (vgl. Bergmann 2008) unterscheiden und gleichermaßen bei der Unterrichtsplanung als auch bei der Formulierung von Urteilen berücksichtigen.

Historical Reasoning n. van Boxtel/van Drie (2018)

Im internationalen Diskurs, der stärker psychologisch ausgerichtet ist, wird historische Urteilsbildung v.a. als Historical Reasoning modelliert. Exemplarisch sei hier auf das Modell von Jannet van Drie und Carla van Boxtel verwiesen, die besonders die Bedeutung der individuellen Dispositionen der Lernenden betonen. Für die Beurteilung historischer Phänomene sind das Geschichtsinteresse, das Wissen über den historischen Gegenstand und über historische Erkenntnisverfahren sowie epistemologische Überzeugungen über Geschichte von Bedeutung. Je nach Ausprägung beeinflussen sie die unterschiedlichen Teiloperationen historischen Denkens und Urteilens: historische Fragen zu stellen, Quellen zu erschließen, Phänomene historisch zu kontextualisieren, mit historischen Kategorien und Meta-Konzepten zu arbeiten und ihre Urteile abwägend und argumentativ zu begründen.

Darüber hinaus können sicherlich auch Impulse aus der Politikdidaktik (vgl. Detjen 2013; Lützelberger 2011; Massing/Weißeno 1997) für die historische Urteilsbildung fruchtbar sein, wie bereits das Modell von Kayser und Hagemann verdeutlicht. Ob und wie sie in der Lage sind, der oben skizzierten Fachspezifik historischer Urteilsbildung gerecht zu werden, muss im Einzelnen geprüft werden (vgl. John 2020, 101).

3. Praxis der Urteilsbildung im Geschichtsunterricht

Folgerungen für die Praxis

Welche Konsequenzen ergeben sich aus den theoretischen Überlegungen für die Planung, Durchführung und Evaluation historischer Urteilsbildung im Geschichtsunterricht?

1. Urteilsbildung im Geschichtsunterricht muss sich am historischen Erkenntnisprozess und damit am Modus einer systematisch-reflektierten Urteilsbildung ausrichten. Dies entspricht dem Prinzip der *Wissenschaftsorientierung* (vgl. KMK 2005, 5). Diese Wissenschaftsorientierung meint dabei nicht einen möglichst exakten Nachvollzug des historischen Erkenntnisprozesses, was im Rahmen von Geschichtsunterricht aus unterschiedlichen Gründen meist illusorisch und nicht zielführend wäre, sondern eine grundlegende Ausrichtung an den Arbeits-, Denk- und Diskursformen der Geschichtswissenschaft (vgl. Handro 2015, 25–28; Peters 2014, 42 f.).
2. Der Geschichtsunterricht muss zudem die Lernvoraussetzungen und individuellen Orientierungsbedürfnisse der Schüler*innen berücksichtigen. Wissenschaftsorientierung ist daher immer mit einer expliziten *Subjektorientierung* (vgl. Kühberger 2015) zu verknüpfen. Hierzu gehört nicht nur die Berücksichtigung individueller Kenntnisse, Interessenslagen, Kompetenzen etc., sondern auch die Artikulation lebensweltlicher Vorstellungen und Vorurteile zu erlauben und Formen der heuristisch-impulsiven Urteilsbildung zu ermöglichen. Diese gilt es dann im Unterricht produktiv aufzugreifen und zu reflektieren, um die Lernenden so schrittweise zur systematisch-reflektierten Urteilsbildung zu befähigen.

Didaktischer Modus der Urteilsbildung

Die Verknüpfung von Wissenschafts- und Subjektorientierung verlangt einen *didaktischen Modus der Urteilsbildung*. Dieser orientiert sich am historischen Erkenntnisprozess, geht jedoch kleinschrittiger vor und berücksichtigt dabei stärker Zwischenergebnisse und Teilurteile, die im Zuge der Kritik und Interpretation gebildet werden. Die an den Lernvoraussetzungen ausgerichtete Planung, Begleitung und Evaluation des Urteilsprozesses durch die Lehrkraft sowie seine Einbettung in größere Unterrichtseinheiten sorgen für eine kontinuierliche Lernprogression, wobei der beständigen Reflexion und Revision eigener Urteile ein besonderer Stellenwert eingeräumt wird. Anders als in der Geschichtswissenschaft dient die methoden- und kategoriengeleitete Auseinandersetzung mit historischen Phänomenen nicht nur zum Erwerb von Wissen und Orientierung, sondern auch zum Erwerb fachspezifischer Erkenntnisse und Denkformen sowie fachspezifischer Fähigkeiten und Fertigkeiten (vgl. Jeismann 1978b, 89–95). Im Fokus steht hierbei die Förderung historischer Urteilskompetenz.

Historische Urteilskompetenz – Eine Definition

Historischer Urteilskompetenz soll definiert werden als die Fähigkeit, systematisch, d.h. am historischen Erkenntnisprozess ausgerichtet, also leitfragenorientiert, methodengeleitet, materialbasiert, kontextsensibel und unter Rückgriff auf fachspezifische Theorien und Kategorien eigene Deutungen und Wertungen eines historischen Phänomens vornehmen, es situations-, adressaten- und gattungsgerecht kommunizieren, im Diskurs argumentativ vertreten, reflektieren und ggf. modifizieren zu können und zu wollen, sodass die gebildeten Urteile den Kriterien historischer Plausibilität genügen, wodurch das historische Phänomen für einen selbst und für andere erklärbar wird. Historische Urteilskompetenz steht dabei in Interdependenz mit anderen historischen Kompetenzen und dem Erwerb historischen Wissens (vgl. Jeismann 1978b, 94; KMK 2005, 4) sowie der Fähigkeit zu Perspektivübernahme und Fremdverstehen (vgl. Alavi 1998, 87; Bergmann 1988, 7–9; Conrad 2011a, 2 u. 7; Hoffmann 2012, 6 f.). Sie leistet ferner einen fachspezifischen Beitrag zur politischen Bildung bzw. zur Demokratie- und Werterziehung (vgl. KMK 2018) und kann Identitätsbildung und soziale Handlungsfähigkeit (vgl. Uffelmann 1977, 186–190) fördern.

Verknüpfung mit dem Berliner Modell

Um Unterrichtseinheiten am didaktischen Modus der Urteilsbildung auszurichten und auf diese Weise einen Beitrag zur Förderung historischer Urteilskompetenz zu leisten, bedarf es eines Modells, das für die Planung, Durchführung und

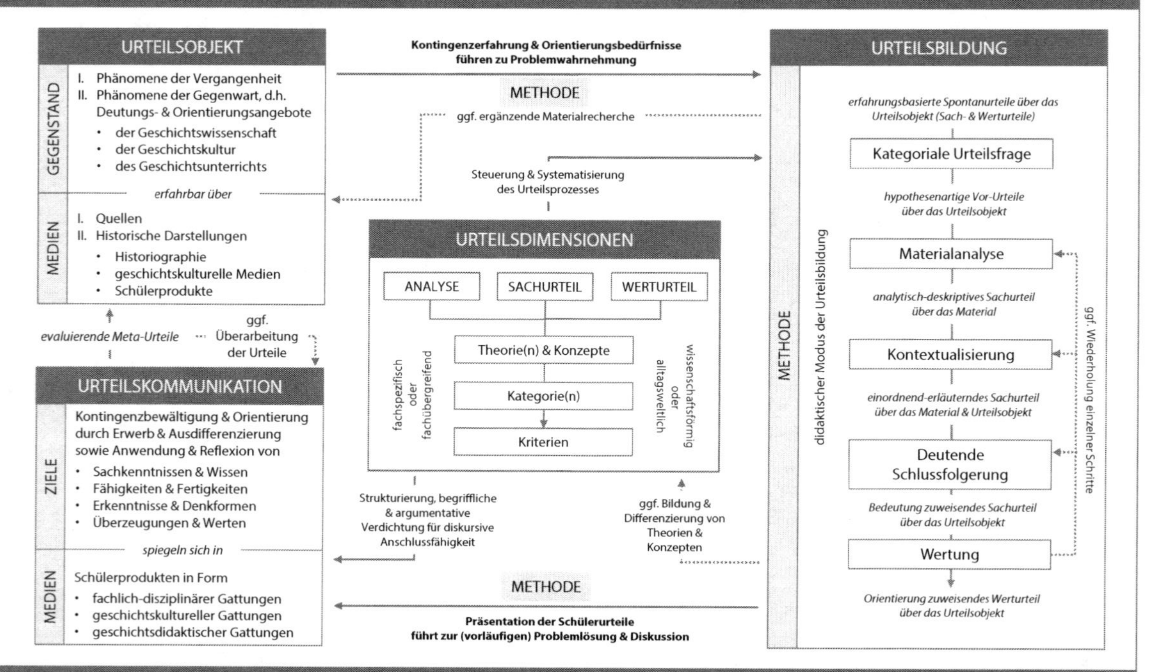

Abb. 3: Didaktische Strukturierung des historischen Urteilsprozesses im Geschichtsunterricht

Evaluation entsprechender Einheiten dienen kann. Hierfür ist es sinnvoll, die oben skizzierten theoretischen Überlegungen mit dem Berliner Modell der Unterrichtsplanung (vgl. Schulz 1972; Thünemann 2015, 258–262) in Beziehung zu setzen. Das Ergebnis ist ein Prozessmodell historischer Urteilsbildung, das Abbildung 3 visualisiert und in diesem Kapitel genauer erläutert wird.

3.1 Rahmenbedingungen

Bildungspolitische, gesellschaftliche und unterrichtliche Rahmenbedingungen

Welche Faktoren beeinflussen die Urteilsbildung? Auf Ebene der bildungspolitischen, gesellschaftlichen und unterrichtlichen Rahmenbedingungen bedürfen v.a. vier Aspekte der besonderen Aufmerksamkeit der Lehrkraft bei der Planung und Durchführung von Geschichtsunterricht:

- *Bildungspolitische und curriculare Rahmenbedingungen*: Die Kernlehrpläne, aber auch weitere Richtlinien und Beschlüsse geben vor, an welchen Inhalten und mit welchen Zielen historische Urteilsbildung erfolgen soll. Diese Vorgaben sind teils vage, teils widersprüchlich, was sich z.B. an Definitionen zentraler Begrifflichkeiten wie Urteil oder Urteilskompetenz sowie der Verortung der Sachurteilsbildung in den Anforderungsbereichen zeigt (vgl. Dzubiel/Giesing 2014, 704–712; Zülsdorf-Kersting 2016, 214–216). Daher bedarf es eines engen Austausches innerhalb der Fachschaft darüber, wie vor diesem Hintergrund eine systematische und kontinuierliche, d.h. jahrgangsübergreifende Förderung historischer Urteilskompetenz sichergestellt werden kann.
- *Beutelsbacher Konsens*: Die Empfehlungen des Beutelsbacher Konsenses gelten seit über vierzig Jahren als Leitprinzipien der politischen Bildung (vgl. Frech/Richter 2017; Widmaier/Zorn 2016). Die KMK bezeichnet den Konsens als „zentrale Grundlage" (KMK 2018, 4) für die Förderung einer historisch-politischen Urteilsfähigkeit sowie der Vermittlung demokratischer Werte. Geschichtsunterricht muss sich an diesen Prinzipien orientieren.

Der Beutelsbacher Konsens (Wehling 1977/2016, 24)

1. Überwältigungsverbot. Es ist nicht erlaubt, den Schüler – mit welchen Mitteln auch immer – im Sinne erwünschter Meinungen zu überrumpeln und damit an der „Gewinnung eines selbständigen Urteils" zu hindern. Hier genau verläuft nämlich die Grenze zwischen Politischer Bildung und Indoktrination. Indoktrination aber ist unvereinbar mit der Rolle des Lehrers in einer demokratischen Gesellschaft und der – rundum akzeptierten – Zielvorstellung von der Mündigkeit des Schülers.
2. Was in Wissenschaft und Politik kontrovers ist, muss auch im Unterricht kontrovers erscheinen. Diese Forderung ist mit der vorgenannten aufs engste verknüpft, denn wenn unterschiedliche Standpunkte unter den Tisch fallen, Optionen unterschlagen werden, Alternativen unerörtert bleiben, ist der Weg zur Indoktrination beschritten. Zu fragen ist, ob der Lehrer nicht sogar eine Korrekturfunktion haben sollte, d.h. ob er nicht solche Standpunkte und Alternativen besonders herausarbeiten muss, die den Schülern (und anderen Teilnehmern politischer Bildungsveranstaltungen) von ihrer jeweiligen politischen und sozialen Herkunft her fremd sind. [...]
3. Der Schüler muss in die Lage versetzt werden, eine politische Situation und seine eigene Interessenlage zu analysieren, sowie nach Mitteln und Wegen zu suchen, die vorgefundene politische Lage im Sinne seiner Interessen zu beeinflussen. Eine solche Zielsetzung schließt in sehr starkem Maße die Betonung operationaler Fähigkeiten ein, was eine logische Konsequenz aus den beiden vorgenannten Prinzipien ist. [...]

- *Gesellschaftliche Entwicklungen:* Bei der Inhaltsauswahl und Themenkonstruktion sind Schlüsselprobleme zu berücksichtigen und Bezüge zu aktuellen geschichtskulturellen und politischen Diskursen herzustellen (vgl. Gautschi/Bernhard/Mayer 2012, 331). Durch diese Gegenwartsbezüge (vgl. Bergmann 2007) können sich die Lernenden mit lebensweltlich relevanten Phänomenen auseinandersetzen und so historische Orientierung erlangen.
- *Unterrichtskontext:* Unterrichtsstunden und -reihen dürfen nicht isoliert betrachtet werden. Sie bauen aufeinander auf und sorgen bei umsichtiger Planung für eine kontinuierliche Lernprogression. Komplexere Urteilsfragen wie etwa die danach, ob die DDR ein Unrechtsstaat war (vgl. Kap. 4.2), können dabei eine ganze Reihe tragen. Inhalte können so vertieft und bereits formulierte Urteile

ausdifferenziert werden. Der historische Erkenntnis- und Urteilsprozess wird so als niemals wirklich abgeschlossener Vorgang für die Lernenden erfahrbar.

Lernvoraussetzungen der Schüler*innen

Historische Urteilsbildung ist ein kognitiv und kommunikativ höchst anspruchsvolles Unterfangen, bei dem Lernvoraussetzungen auf unterschiedlichen Ebenen eine Rolle spielen. Diese gilt es im Vorfeld zu diagnostizieren (vgl. Adamski 2014; Kühberger 2014). Dabei kann die historische Urteilskompetenz selbst in den Blick genommen werden. Für die Planung konkreter Stunden oder Reihen erscheint es jedoch sinnvoller, einzelne Lernvoraussetzungen zu unterscheiden, die in ihrem Zusammenspiel für die historische Urteilsbildung bedeutsam sind. In Anlehnung an Jeismann (1974, 137 f.; 1978b, 89–95; 1980, 207–214) und mit Blick auf den geschichtsdidaktischen Diskurs (vgl. Kap. 2.3) lassen sich vier Ebenen differenzieren:

- *Sachkenntnisse und Wissen* über das Urteilsobjekt und seinen historischen Kontext (Gegenstandswissen), über fachspezifische Begriffe, Theorien und Kategorien (konzeptuelles Wissen) sowie über Quellen und Darstellungen (Gattungswissen);
- *Fähigkeiten und Fertigkeiten* zur kategoriengeleiteten und am historischen Erkenntnisprozess orientierten Auseinandersetzung mit Material und Urteilsobjekt (Re-Konstruktion & De-Konstruktion) sowie zur Anwendung fachspezifischer Darstellungs- und Diskursstrategien (historisches Erzählen & historisches Argumentieren) unter Berücksichtigung mehrerer Perspektiven und Positionen (Perspektivübernahme & Fremdverstehen);
- *Erkenntnissen und Denkformen*, zu denen v.a. die Einsichten zählen sollte, dass historische Urteile keine endgültigen Wahrheiten darstellen, dass Wertvorstellungen zeitlich und kulturell bedingt sind, dass der Diskurs über historische Phänomene von Pluralität gekennzeichnet ist und dass sich die Güte von Deutungen und Wertungen an Plausibilitätskriterien messen lassen muss (epistemische Überzeugungen & historische Meta-Konzepte);
- *Wertvorstellungen, Haltungen und Orientierungsbedürfnis-*

se, die sich am Grundgesetz und den Menschenrechten orientieren (moralische Entwicklung) und in denen sich die Wertschätzung anderer Meinungen und der Wille zum demokratischen Diskurs spiegeln sollten (Demokratiebewusstsein), in denen jedoch auch unreflektierte Vorurteile, Stereotypen oder Feindbilder ihren Ausdruck finden können. Zudem bestimmen individuelle Orientierungsbedürfnisse und Gruppenzugehörigkeitsgefühle die Urteilsbildung (individuelle & kulturelle Identität).

Differenzierung und Individualisierung

Die Lernvoraussetzungen werden durch die Implementierung differenzierender und individualisierender Maßnahmen derart berücksichtigt, dass alle Lernenden gleichermaßen befähigt werden, eigenständige historische Urteile über das thematisierte Phänomen zu bilden. Hierbei sind v.a. Differenzierungen nach Material und Aufgaben sowie durch Lernhilfen angebracht (vgl. Adamski 2017). Mit Blick auf die Herausforderungen, vor denen Lernende stehen, wenn sie Texte lesen und schreiben sollen, ist zudem der Rückgriff auf fachspezifische Lesestrategien, Scaffolding etc. sinnvoll (vgl. Handro/Kilimann 2019, 174–182; Hartung 2015; Kaestner/Wehen 2020; Mehr/Werner 2012).

Stunden- und Reihenziele

Die vorgeschlagene Systematik sensibilisiert aber nicht nur für die unterschiedlichen Lernvoraussetzungen, die die historische Urteilsbildung beeinflussen. Da sich in ihnen verschiedene Teilaspekte spiegeln, die zusammengenommen für die Förderung historischer Urteilskompetenz von zentraler Bedeutung sind, lassen sich mit Blick auf die vier Ebenen auch konkrete Stunden- und Reihenziele formulieren. Die Kompetenz wird so für die Unterrichtsplanung und die Leistungsüberprüfung (vgl. Kap. 3.6) operationalisierbar.

3.2 Urteilsobjekte

Phänomene der Vergangenheit

Worüber kann im Geschichtsunterricht historisch geurteilt werden? Die Frage scheint auf den ersten Blick einfach zu beantworten: Historische Urteile beziehen sich auf vergangene Wirklichkeit, das konkrete Urteilsobjekt ist somit ein *Phänomen der Vergangenheit*. In diesem Sinne werden Strukturen, Prozesse, Ereignisse sowie Personen und deren

Handlungen und Erfahrungen beurteilt. Dies geschieht im Zuge der Re-Konstruktion vergangener Wirklichkeit (vgl. Kap. 4.1). So kann man sich z.B. ein historisches Urteil darüber bilden, welche gesellschaftlichen Faktoren den Holocaust ermöglichten. Materialgrundlage sind vorwiegend Quellen.

Phänomene der Gegenwart

Bei genauerer Betrachtung erweist sich diese Vorstellung zwar nicht als grundlegend falsch, sie entpuppt sich aber in manchen Fällen als zu ungenau. Dies gilt v.a. dann, wenn weniger die vergangene Wirklichkeit selbst, sondern vielmehr der gegenwärtige Umgang mit ihr in den Fokus rückt. Gegenstand historischer Urteilsbildung können nämlich auch *Phänomene der Gegenwart* sein. Materialgrundlage sind hierbei historische Darstellungen, die den gegenwärtigen Diskurs über ein Phänomen der Vergangenheit spiegeln. Der Fokus liegt auf der kritischen Auseinandersetzung mit historischen Urteilen anderer, d.h. auf der De-Konstruktion gegenwärtiger Deutungs- und Orientierungsangebote (vgl. Schreiber 2005). Mit Blick auf die unterschiedliche Genese der zu beurteilenden Phänomene und der Form ihrer Darstellung lassen sich hierbei weitere Differenzierungen vornehmen:

- *Geschichtswissenschaftliche Deutungs- und Orientierungsangebote:* Urteilsobjekt sind in erster Linie Vergangenheitsdeutungen der Geschichtswissenschaft, d.h. die systematisch im Kontext der historischen Forschung gebildeten Urteile. Da sich besonders im Bereich der Zeitgeschichte u.a. Politikwissenschaftler*innen oder Soziolog*innen in wissenschaftlicher Absicht mit historischen Phänomenen beschäftigen, sollen auch von ihnen formulierte Deutungs- und Orientierungsangeboten in dieser Kategorie mitgedacht werden (vgl. Kap. 4.2). Seien die Angebote nun genuin geschichtswissenschaftlich oder in anderen historisch forschenden Disziplinen entstanden, sie sind in der Regel in fachlich-disziplinären Formen der Historiographie – in Monographien, Fachaufsätzen, Lexikoneinträgen und Essays sowie Vorträge und Diskussionsbeiträgen etc. – greifbar. So kann man sich z.B. ein historisches Urteil darüber bilden, ob man Goldhagens These von einem gesamtgesellschaftlichen Antisemitismus als zentraler Ursache für den Holocaust folgen möchte.

- *Geschichtskulturelle Deutungs- und Orientierungsangebote:* Urteilsobjekt sind geschichtskulturelle Phänomene, in denen sich der vorwiegend außerwissenschaftliche Umgang mit Geschichte spiegelt (vgl. Kap. 4.3). Hierzu zählen sowohl materielle als auch diskursive Phänomene, die häufig aufeinander bezogen sind und in unterschiedlichen geschichtskulturellen Darstellungsformen ihren Ausdruck finden (vgl. Thünemann 2018, 145 f.):
  Materielle Phänomene sind solche Erscheinungen, in denen sich weitgehend gesellschaftlich konsensfähige Deutungen und Wertungen der Vergangenheit spiegeln. Sie sind oft das Ergebnis eines längeren, teilweise institutionalisierten Prozesses und in ihrer medialen Erscheinung dauerhaft und formalisiert, um so spezifische Funktionen – Bildung, Gedenken, Unterhaltung etc. – zu erfüllen. Ihre Deutungs- und Orientierungsangebote sind häufig Ausdruck eines systematisch-reflektierten Umgangs mit Vergangenheit. Die Grenzen zu geschichtswissenschaftlichen Angeboten sind fließend. Denkmäler, historische Ausstellungen, Gedenkreden oder Fernsehdokumentationen sind Beispiele für solche Phänomene. So kann man sich etwa ein Urteil über eine aktuelle Ausstellung zum Holocaust bilden.
  Diskursive Phänomene umfassen v.a. die mit der Entstehung und Rezeption dieser materiellen Phänomene verbundenen, oftmals kontrovers geführten Aushandlungsprozesse. Diskursive Phänomene der Geschichtskultur sind weniger Ausdruck von gesellschaftlichem Konsens, sondern zeugen von der Pluralität möglicher Wahrnehmungen, Deutungen und Wertungen innerhalb einer Gesellschaft. Sie sind häufig Ausdruck des Geschichtsbewusstseins einzelner Personen oder gesellschaftlicher Gruppen. Greifbar sind diese Phänomene in flüchtigeren, weniger formalisierten medialen Repräsentationen wie Leserbriefen, Diskussionen in Parlamenten, auf Podien, in Twitter-Beiträgen etc. sowie generell in der Alltagskommunikation. Entsprechend spiegelt sich in ihnen häufig ein heuristisch-impulsiver Um-

gang mit Vergangenheit. Wenn man sich zu der Debatte, ob ein Zug den Namen Anne Franks tragen darf, positioniert oder die Äußerungen anderer hierzu kommentiert, fällt man ein historisches Urteil über ein geschichtskulturelles Phänomen und wird Teil des Diskurses (vgl. Kap. 4.3).

- *Deutungs- und Orientierungsangebote des Geschichtsunterrichts:* Versteht man Urteilsbildung im Geschichtsunterricht als kommunikativ-diskursiven Prozess mit einer klaren didaktischen Zielsetzung, so liegt es auf der Hand, dass Schüler*innen historische Urteile fällen und kommunizieren, die wiederum diskutiert und beurteilt werden. Dies geschieht einerseits im Unterrichtsdiskurs, wenn die Lernenden ihre Urteile präsentieren. Schülerurteile werden andererseits im Zuge der Leistungsfeststellung durch die Lehrkraft (vgl. Kühberger 2014) zum Urteilsobjekt.

Die Systematik sensibilisiert zum einen für die Vielfalt historischer Phänomene, über die in wissenschaftlichen wie außerwissenschaftlichen Kontexten historisch geurteilt werden kann und im Rahmen des Geschichtsunterrichts geurteilt werden soll (vgl. KMK 2005, 9–11; 2014, 2–5). Zum anderen verdeutlicht sie, dass in Abhängigkeit vom Urteilsobjekt entweder stärker rekonstruierende oder eher dekonstruierende Zugriffe im Vordergrund stehen (vgl. Hasberg/Körber 2003; Schreiber 2007), was mitunter die Entscheidung für eine konkrete Herangehensweise bzw. für einen sinnvollen Beurteilungsmaßstab (vgl. Kap. 3.3) beeinflusst.

Bedeutung geschichtsdidaktischer Prinzipien

Unabhängig davon, ob im Zuge der Urteilsbildung ein Phänomen der Vergangenheit oder der Gegenwart beurteilt wird, sind bei der Auswahl konkreter Unterrichtsgegenstände mindestens vier geschichtsdidaktische Prinzipien zu beachten:

- Historische Urteilsbildung verlangt die Herstellung von *Gegenwarts- und Zukunftsbezügen* (vgl. Kap. 3.1). Dies kann geschehen durch die Herstellung von Ursachen- und Sinnzusammenhängen zwischen Vergangenheit und Gegenwart (vgl. Bergmann 2007) oder durch die Berücksichtigung gegenwärtiger Schlüsselprobleme (vgl. Klafki 1985, 21). Ferner kann Bezug genommen werden auf aktuelle geschichtskulturelle Diskurse oder kollektive Erzählmuster, die in der Geschichtskultur prominent vertreten sind (vgl. Gautschi/Bernhardt/Mayer 2012, 332–334; KMK 2005, 3; 2014) oder in denen sich Vorurteile oder Stereotypen spiegeln, die mitunter von den Lernenden geteilt werden. Gegenwarts- und Zukunftsbezüge sollen also nicht nur hergestellt, sondern stets auch reflektiert werden (vgl. Jeismann 1978b, 82; 2000, 68).

- Historische Urteilsbildung verlangt einen *multidimensionalen Zugriff* auf den Gegenstand, d.h. er muss eine Auseinandersetzung auf unterschiedlichen Betrachtungsebenen ermöglichen (vgl. Kayser/Hagemann 2010, 40; KMK 2005, 4; Gautschi/Bernhardt/Mayer 2012, 328–330). Die Beantwortung der Frage danach, ob die DDR ein Unrechtsstaat war (vgl. Kap. 4.2), bedarf etwa einer Untersuchung verschiedener Phänomene aus dem Bereich Politik, Rechtsprechung, Alltag etc., um so zu einem abwägenden und unterschiedliche Lebensbereiche berücksichtigenden Urteil zu gelangen (vgl. Ziegenhagen 2013, IV). Umgekehrt können geschichtswissenschaftliche und geschichtskulturelle Deutungen der DDR danach hinterfragt werden, ob sie multidimensional ausgelegt sind. Da jede Betrachtungsebene eigene kategoriale Zugriffe nötig macht (vgl. Kap. 3.3), fördert das Prinzip der Multidimensionalität das für die Urteilsbildung wichtige kategoriale Wissen der Lernenden und eröffnet gleichzeitig Möglichkeiten für eine Differenzierung nach thematischem Interesse.
- Historische Urteilsbildung verlangt auf medialer Ebene nach *Multiperspektivität, Kontroversität und Pluralität* (vgl. Bergmann 2008; KMK 2005, 3). Es müssen – soweit aufgrund der Überlieferungslage möglich – mehrere Quellen herangezogen werden, die den historischen Sachverhalt aus verschiedenen zeitgenössischen Perspektiven dokumentieren. Lassen Quellenlage oder Unterrichtskontext keine multiperspektivische Erkenntnis zu, gilt es dies mit den Lernenden in seiner Konsequenz für die historische Erkenntnis zu reflektieren (vgl. Lücke 2012, 288). Ebenso müssen bei der Beurteilung ge-

genwärtiger Phänomene kontroverse Deutungen und Wertungen herangezogen werden. „Gerade dort, wo wissenschaftliche Kontroversen um die Erklärung und Beurteilung von Vergangenheit ausgetragen werden, findet sich die Didaktik im Zentrum ihres Gegenstandes, des Streites um Geschichtsbewußtsein." (Jeismann 1980, 190) Aus gleichem Grund sollten die Urteilsobjekte den Schüler*innen die Möglichkeit eröffnen, zu eigenständigen und sich mitunter voneinander unterscheidenden Urteilen zu gelangen.

- Historische Urteilsbildung verlangt *Gattungsvielfalt*. Unterschiedliche Quellengattungen werden im Hinblick auf ihren Erkenntniswert eingeschätzt. Verschiedene fachlich-disziplinäre und geschichtskulturelle Gattungen sensibilisieren nicht nur für verschiedene Darstellungs- und Diskursformen, sondern auch für unterschiedliche Modi der Urteilsbildung und unterschiedliche Funktionen, die Geschichte bzw. ihre Präsentation in der Gesellschaft erfüllen können (vgl. Handro 2018, 18 u. 28–33). Geht man davon aus, dass die Schüler*innen nach ihrer Schullaufbahn v.a. durch historische Darstellungen mit Geschichte in Berührung kommen, kann man nur für eine stärkere Auseinandersetzung mit solchen Medien im Geschichtsunterricht plädieren (vgl. Hasberg/Körber 2003, 185).

Beginn des Urteilsbildungsprozesses

Die erste Begegnung mit dem Urteilsobjekt führt zu einer Kontingenzerfahrung und der Wahrnehmung eines Erkenntnis- oder Orientierungsproblems. Scheinen historische Orientierungsbedürfnisse im Unterricht eher selten den Anstoß für historisches Lernen zu sein (vgl. Bracke 2017, 50), ist es meist der durch die Lehrkraft im Unterrichtseinstieg provozierte kognitive Konflikt, weil das Dargebotene – ein Bild, ein Zitat etc. – im Widerspruch zum Vorwissen der Schüler*innen steht oder ihnen gewisse Kenntnisse fehlen, um das Wahrgenommene zu verstehen oder zu erklären. Häufig können damit auch emotionale Reaktionen verbunden sein (vgl. John 2020, 103; Peters 2014, 30 u. 106 f.; Schneider 2013, 23–25; Schulz-Hageleit 2011, 27 f.). Es kommt zur Äußerung *erfahrungsbasierter Spontanurteile*, in denen sich sachbezogene Vorstellungen, wertende Einstellungen und Deutungsmuster der Urteilenden spiegeln, die zwischen wissenschaftsförmig und alltagsweltlich changieren. Bereits an dieser Stelle werden also (subjektive) Beurteilungsmaßstäbe an das Urteilsobjekt angelegt.

3.3 Urteilsdimensionen

Bedeutung der Urteilsdimensionen

Auf welchen Ebenen und mit welchem Maßstab wird geurteilt? Die Klärung der Urteilsdimensionen ist eng mit der Wahl des Urteilsobjekts verknüpft und findet entsprechend Ausdruck in der Themenformulierung einer Unterrichtseinheit (vgl. Peters 2014, 65 f.; Kayser/Hagemann 2010, 26–29).

Dimensionen nach Karl-Ernst Jeismann

Nach Jeismann lassen sich drei verschiedene Dimensionen des historischen Denkens und Handelns in analytischer Hinsicht unterscheiden, die im historischen Erkenntnisprozess jedoch eng miteinander verbunden sind: die Dimension der *Analyse*, die des *Sachurteils* sowie die des *Werturteils* (vgl. Kap. 2.3). Problemfragen verlangen im Unterricht in der Regel ein Urteil auf Sach- oder Werturteilsebene.

Bedeutung von Theorien und Kategorien für das historische Lernen

Um diese Fragen zu bearbeiten, bedarf es auch im Geschichtsunterricht des Rückgriffs auf *Kategorien*, die auf wissenschaftlichen oder wissenschaftsförmigen *Theorien* und *Konzepten* fußen (vgl. Kap. 2.2). Der didaktische Modus der Urteilsbildung zielt in diesem Zusammenhang auf eine Erweiterung und Ausdifferenzierung unreflektierter Schülervorstellungen bzw. alltagsweltlicher Konzepte und Kategorien (vgl. Günther-Arndt 2006; Kühberger 2012) sowie auf eine damit eng verbundene historische Begriffsbildung (vgl. Alavi 2009; Sauer 2019).

Mit Blick auf Jeismanns Systematik lassen sich Analyse-, Deutungs- und Wertungskategorien unterscheiden.

Analysekategorien

Analysekategorien helfen bei der Beschreibung, Einordnung und Klassifizierung von Material und Sachverhalt. Sie sind genuin fachspezifisch. So wird das Material als „Quelle" oder „Darstellung" klassifiziert und u.a. die „Echtheit" beurteilt. Auf inhaltlicher Ebene werden Kernaussagen zusammengefasst und historisch eingeordnet. Dies geschieht unter Verwendung von Geschichtsbegriffen (vgl. Sauer 2019, 8 f.), die hierbei kategoriale Funktionen erfüllen. Auf diese Weise lassen sich *deskriptiv-analytische* und *einordnend-erläuternde Urteile* formulieren, die z.B. Aussagen über zentrale Inhalte, mögliche Perspektivität und Intentionen sowie den Quellenwert des Materials unter Berücksichtigung des historischen und diskursiven Kontextes enthalten.

Deutungskategorien

Deutungskategorien werden für die Bildung historischer Sachurteile genutzt und dienen entsprechend zur Erklärung historischer Phänomene im jeweiligen zeitlichen und diskursiven Kontext (vgl. Jeismann 1978b, 93). Möchte man beurteilen, ob es sich bei einem bestimmten Verhalten einer Person während der NS-Zeit um eine Form des Widerstandes handelt (vgl. Kap. 2.2), wäre „Widerstand" eine solche Deutungskategorie. Das Beispiel zeigt auch, dass Deutungskategorien oft aus anderen Disziplinen stammen und für historische Fragen adaptiert werden (vgl. Kocka 1989, 13); „Widerstand" ist beispielsweise eine politische bzw. sozialwissenschaftliche Kategorie.

fachspezifische Deutungskategorien

Da im Geschichtsunterricht wie in der Geschichtswissenschaft grundsätzlich alle Bereiche menschlichen Lebens und Handelns der Vergangenheit zum Urteilsobjekt werden können, ist eine solche Adaption fachfremder Kategorien und Leitbegriffe sinnvoll. Die meisten Deutungskategorien lassen sich daher Bezugsdisziplin zuordnen, z.B.: Herrschaft, Demokratie, Diktatur, Revolution (Politik/Soziologie), Kosten, Nutzen, Gewinn (Wirtschaft), Täter, Opfer, Rechtmäßigkeit (Recht) etc.

fachübergreifende bzw. fachunspezifische Deutungskategorien

Urteilskategorien können aber auch mehrere Betrachtungsebenen übergreifen (vgl. Jeismann 1978b, 84 u. 93; Kayser/Hagemann 2010, 40). Zu dieser Gruppe universeller, fächerübergreifender Kategorien, die im Geschichtsunterricht häufig in Form dichotomer Doppelkategorien auftauchen, zählen etwa „Ursache/Wirkung", „Erfolg/Misserfolg", „Nutzen/Nachteil", „Fluch/Segen", „Lösbarkeit/Unlösbarkeit", „Kontinuität/Wandel", „Wirklichkeit/Möglichkeit" oder auch „Legitimität" und „Effizienz". Die Urteile können entsprechend komplex ausfallen, verlangen sie doch eine multidimensionale und meist auch multiperspektivische

Beschäftigung mit dem Gegenstand (vgl. Kap. 3.2). Ob die Romanisierung der Provinzen „Fluch oder Segen“ für die ortsansässige Bevölkerung war (vgl. Sauer 2015, 128–131), lässt sich etwa aus politischer, wirtschaftlicher und sozialer Perspektive sowie aus der Sicht verschiedener Zeitgenossen beantworten. Das Sachurteil baut auf einzelnen Teilurteilen auf und wird zu einer komplexeren Deutung des Phänomens zusammengeführt. Das Beispiel verdeutlicht auch, dass die universelle Doppelkategorie „Ursache/Wirkung“ für die historische Urteilsbildung besondere Bedeutung besitzt. Sie entfaltet nämlich auch dann ihre Wirkung, wenn andere Deutungskategorien im Zentrum stehen. Dies liegt daran, dass historische Sachurteile immer die Bedeutung eines Phänomens in seiner Zeit und für die Folgezeit herausstellen (vgl. Kap. 2.2 u. 2.3), wodurch in der Regel kausale Zusammenhänge mit anderen Phänomenen konstruiert werden. Die Beantwortung der Frage danach, ob die Romanisierung der Provinzen „Fluch oder Segen“ bedeutet, kommt ohne Aussagen über Ursachen und Folgen nicht aus, auch wenn nicht direkt nach ihnen gefragt wird.

Deutungskategorien zur Beurteilung von Phänomenen der Gegenwart

Zur Beurteilung von Phänomenen der Gegenwart kommen weit weniger Deutungskategorien in Betracht als bei der Auseinandersetzung mit der Vergangenheit. Das liegt daran, dass es im Kern um die kritische Auseinandersetzung mit gegenwärtigen Deutungs- und Orientierungsangeboten, d.h. mit historischen Urteilen anderer geht. Die hierfür notwendigen Kategorien stammen aus der Geschichtswissenschaft bzw. Geschichtstheorie. Zentral ist hierbei die Kategorie „Plausibilität“, mit deren Hilfe sich die Qualität historischer Darstellungen beurteilen lässt (vgl. Kap. 2.2, 3.6 u. 4.2).

Neben dieser zentralen Deutungskategorie sind weitere denkbar, die Aspekte des Umgangs mit Vergangenheit in den Mittelpunkt der Urteilsbildung stellen und ggf. ergänzend herangezogen werden können. Dies können z.B. die Kategorien „Multiperspektivität“, „Kontroversität“ oder „Gegenwarts- und Zukunftsbezug“ sein (vgl. Bergmann 2007, 2008). Für die kritische Untersuchung von geschichtskulturellen Phänomenen können darüber hinaus auch Rüsens Dimensionen der Geschichtskultur (Rüsen 1997a; 2013, 234–246) als Deutungskategorien herangezogen werden (vgl. John 2020, 117). Dies ist sinnvoll, weil geschichtskulturelle Angebote häufig nicht (nur) auf die Vermittlung plausibler Vergangenheitsdeutungen zielen. Neben kognitiven Aspekten können auch politische, ästhetische, kommerzielle oder ethische Gesichtspunkte betrachtet und hierfür entsprechende Urteilskategorien gebildet werden. Teilweise lassen sich historische Urteile über geschichtskulturelle Phänomene gar nicht anders bilden: Ein Versuch etwa, das Denkmal für die ermordeten Juden Europas in Berlin einzig auf kognitiver Ebene, d.h. unter Rückgriff auf die Kategorie „Plausibilität" zu beurteilen, ist wenig zielführend und sollte u.a. mit der Beurteilung der ästhetischen Gestaltung sowie der geschichtspolitischen Implikationen verknüpft werden.

Wertungskategorien

Wertungskategorien benötigen die Lernenden für die persönliche Stellungnahme zu einem historischen Phänomen aus gegenwärtiger Perspektive, um auf diese Weise „Zustimmung, Abwehr oder auch Indifferenz" (Jeismann 1978a, 58) auszudrücken. Hierbei dienen die individuell vertretenen Normen und Werte als zentrale Urteilskategorien: „Wie bewerte ich in meiner heutigen Situation, auf der Basis der von mir anerkannten bzw. befürworteten Normen und Werte das Verhalten, das Motiv, die Idee usw. einer bestimmten Person oder Gruppe zu einer bestimmten Zeit?" (Hoffmann 2012, 7) Diese Leitfragen gelten auch dann, wenn ein Phänomen der Gegenwart bewertet werden soll: Stimme ich den transportierten Wertungs- und Orientierungsangeboten auf Basis meiner eigenen Wertvorstellungen ganz, teilweise oder gar nicht zu? Entsprechend kann man die Benennung eines ICEs nach Anne Frank als würdevoll oder geschmacklos bewerten (vgl. Kap. 4.3).

Bedeutung von Verfassungswerten

Ähnlich wie bei den Deutungskategorien lässt sich auch hier keine abschließende Liste an Kategorien aufstellen. Vielfach besitzen Lernende selbst verschiedene Wertesysteme, aus denen sie konkrete Kategorien und Kriterien ableiten, die mitunter nicht miteinander kompatibel sein müssen. Mit Blick auf die Urteilsbildung im Geschichtsunterricht sollen die Werte des Grundgesetzes als zentrale Wertungskategorie herangezogen werden (KMK 2005, 8). Das setzt voraus, dass die Lernenden die Verfassungswerten kennenlernen und deren Genese sowie kulturelle Bedingtheit reflektieren.

Der Politologe Joachim Detjen (2009) unterscheidet *drei Gruppen von Verfassungswerten des Grundgesetzes:*

1. Fundament des Grundgesetzes: Menschenwürde, das Leben, Innere Sicherheit, Individuelle Freiheit, Rechtliche Gleichheit, Soziale Gerechtigkeit, Volkssouveränität und Demokratie
2. Werte, die auf Lebenswelt und Gesellschaft ausstrahlen: Privatsphäre, Ehe und Familie, Religiöse und weltanschauliche Überzeugungsfreiheit, wirtschaftliche Handlungsfreiheit, Kommunikationsfreiheit, Pluralismus, politische Partizipation und Bürgerverantwortung
3. Werte, die Staat und Politik prägen: gemäßigte Herrschaft, weltanschauliche Neutralität, Rechtsschutz, Wehrhafte Ordnung, Gemeinwohl, Frieden, Umwelt sowie Bildung und Kultur

Wertewandel und Relevanzurteile

Da gerade die Bewertung von Phänomenen vergangener Wirklichkeit meist aufgrund divergierender Wertesysteme zwischen Gegenwart und Vergangenheit fast zwangsläufig in einem ablehnenden oder abwertenden Urteil enden muss, bedarf es nicht nur der Berücksichtigung eines möglichen Wertewandels (vgl. John 2020, 112; KMK 2005, 4; Schulz-Hageleit 2011, 24), sondern zusätzlich des Rückgriffs auf die Wertungskategorie „Relevanz" (vgl. Thünemann 2020, 18; Kap. 4.1). Hierbei werden die individuelle und gesellschaftliche Bedeutung des historischen Phänomens für die Gegenwart und Zukunft herausgestellt und ihm so eine Orientierungsfunktion zugewiesen. Wie Gladiatorenkämpfe, die Kreuzzüge des Mittelalters oder der Holocaust auf Basis gegenwärtiger Normen und Werte zu bewerten sind, dürfte unstrittig sein. Erst das Nachdenken darüber, welche Relevanz diese Phänomene und die Beschäftigung mit ihnen für einen selbst und die Gesellschaft zukommt oder zukommen sollte, ermöglicht die Ausbildung und Reflexion eigener Wertvorstellungen und die Bildung einer historischen Identität (vgl. Bergmann 2007, 92; Rüsen 1997a).

3.4 Urteilsbildung als Erkenntnisprozess

Strukturierung und Ablauf des Urteilsprozesses

Wie werden historische Urteile im didaktischen Modus gebildet? Nach der ersten Begegnung mit dem Urteilsobjekt im Unterrichtseinstieg, die zu einer Problemwahrnehmung und einer Benennung von Urteilsdimensionen geführt hat (vgl. Kap. 3.2), beginnt nun der eigentliche Urteilsbildungsprozess. Dieser verläuft in fünf Schritten, die sich an der historischen Methode orientieren, mit Blick auf die jeweiligen historischen Denkoperationen ausdifferenziert worden sind und sich für die Beurteilung von Phänomenen der Vergangenheit und der Gegenwart eignen. Der Ablauf korrespondiert mit dem bekannten Schema einer problemorientierten Unterrichtsstrukturierung (vgl. Demantowsky 2015, 65–68). Die einzelnen Schritte bauen aufeinander auf und müssen entsprechend nacheinander durchlaufen werden. Sie können aber wiederholt werden, wenn z.B. zusätzliches Material den Prozess anreichern soll, um komplexere und plausiblere Urteile zu ermöglichen. Lernaufgaben (vgl. Hasenberg 2020; Köster/Bernhardt/Thünemann 2016) und Differenzierungsmaßnahmen (vgl. Adamski 2017) unterstützen dabei die Urteilsbildung der Lernenden.

Formulierung der Urteilsfrage

Aufbauend auf den Spontanurteilen (vgl. Kap. 3.2) formulieren die Lernenden eine *kategoriale Urteilsfrage*. Sie legt das Erkenntnisinteresse fest, benennt Urteilskategorien sowie ggf. Perspektiven und inhaltliche Betrachtungsebenen. Urteilsfragen müssen dabei nicht zwangsläufig auf die Formulierung von Werturteilen abzielen. Es kann sinnvoll sein, zunächst mehrere Sachurteile aus unterschiedlichen Perspektiven oder mit Bezug auf unterschiedlichen Betrachtungsebenen zu formulieren, diese in ein komplexeres Urteil zu überführen und erst in einer Folgestunde darauf aufbauend eine auf Wertung abzielende Urteilsfrage zu formulieren (vgl. Kap. 4.1 u. 4.2). In jedem Fall können darauf aufbauend vorwissensbasiert *hypothesenartige Vor-Urteile* geäußert werden, die es im weiteren Prozess zu überprüfen gilt. Anschließend werden Überlegungen angestellt, welche Materialien zur Beantwortung der Frage herangezogen werden könnten.

Erkenntnisse der geschichtsdidaktischen Lehr-Lernforschung I

Die Herausforderungen bestehen darin, dass Schüler*innen von sich aus nicht unbedingt historische Fragen stellen (vgl. Hodel u. a. 2013, 135), häufig ihre Urteilsmaßstäbe nicht explizit nennen (vgl. Bracke 2017, 56) oder Kontroversen im Einstieg nur als Trigger und nicht als Problem wahrnehmen (vgl. Mehr 2012, 90). Auch neigen sie dazu, in neuen Dingen lediglich vermeintlich Bekanntes zu entdecken (vgl. Bernhardt 2007), was die Problemwahrnehmung und die Formulierung einer Frage im Unterrichtseinstieg erschweren kann. Auf der anderen Seite bietet sich gerade hierdurch das Potential, Schülervorstellungen oder Vorurteile gezielt anzusprechen und im weiteren Unterrichtsverlauf zu reflektieren.

Materialanalyse

Im Zuge der *Materialanalyse* wird dann das Material unter Rückgriff auf fachspezifische Analysekategorien (vgl. Kap. 3.3) zunächst formal und inhaltlich erschlossen. Es geht hierbei um die Herstellung eines grundsätzlichen Verständnisses dafür, was für ein Material vorliegt und was laut Material der Fall war. Weniger bei der Identifikation der jeweiligen Quellen- oder Darstellungsart, sondern vielmehr bei der Rekonstruktion von Kernaussagen kommt es zwangsläufig zu Deutungen, da selbst wissenschaftliche Texte diese in der Regel nicht explizit ausweisen. Entsprechend werden im Zuge der Analyse *konstatierende* bzw. *analytisch-deskriptive Sachurteile* über das Material gefällt. Nennen, Bestimmen, Beschreiben, Analysieren etc. sind die mit dieser Urteilsart verbundenen kognitiven Operationen. Der Schritt lässt sich vorwiegend dem Anforderungsbereich I zuordnen (vgl. KMK 2005, 6 f.).

Erkenntnisse der geschichtsdidaktischen Lehr-Lernforschung II

Schüler*innen haben teilweise bis zum Abitur Probleme, die obigen Leistungen zu erbringen (vgl. Schönemann/Thünemann/Zülsdorf-Kersting 2010, 36–51). Lernende der Sekundarstufe I haben v.a. zu Beginn nur wenig wissenschaftsförmige Vorstellungen davon, was eine Quelle eigentlich ist und neigen zu einer unkritischen Dokumentengläubigkeit (vgl. Beilner 2002). Unterschiede zwischen Quellen- und Alltagssprache (vgl. Langer-Plän/Beilner 2006) stellen die Lernenden bei der Materialerschließung ebenso vor Herausforderungen wie die sprachlich-narrative Struktur von Darstellungstexten (vgl. Henke-Bockschatz 2007). Historische Urteilsbildung verlangt daher einen sprachsensiblen Geschichtsunterricht (vgl. Bernhardt/Conrad 2018; Handro 2018), da die Lernenden sonst oft nicht in der Lage sind, die für die Formulierung empirisch plausibler Urteile benötigten Informationen aus dem Material zu entnehmen und kritisch zu analysieren. Der Rückgriff auf fachspezifische Lesestrategien ist hierbei sinnvoll (vgl. Handro/Kilimann 2019, 174–182; Mehr/Werner 2012).

Kontextualisierung

Die Erschließung des Materials setzt sich im Schritt der *Kontextualisierung* fort. Dafür bedarf es zusätzlichen Wissens über den historischen Kontext. Sollen Phänomene der Gegenwart beurteilt werden, bedarf es darüber hinaus auch der Berücksichtigung des Forschungskontextes, des geschichtskulturellen Diskurses oder des Unterrichtszusammenhangs, aus dem das Material stammt bzw. auf den es Bezug nimmt. Beides kann durch zusätzliche Informationstexte oder in einer separaten Stunde erfolgen (vgl. Oswalt 2016, 35–38). Im Schritt der Kontextualisierung werden *einordnend-erläuternde Sachurteile* gefällt. Dies geschieht in zwei eng aufeinander bezogenen Teilschritten:

1. Es erfolgen die begründete zeitliche, räumliche und sektorale *Identifikation und Eingrenzung des als relevant beurteilten Kontextes.* Vor diesem Hintergrund werden Inhalt und Gestaltung des Materials genauer erläutert, indem etwa Personen und Ereignisse identifiziert oder Symbol- und Begriffsbedeutungen erschlossen werden.
2. Es folgt die *Rekonstruktion der kommunikativen Funktion* des Materials, wobei die Person des Verfassers bzw. der Verfasserin, die Art des Materials und ihre inhaltliche wie formale Gestaltung sowie der potentielle Adressatenkreis berücksichtigt werden.

Die in diesen Teilschritten vollzogenen Operationen des Einordnens, Erläuterns und Erklärens führen zu einem tieferen Verständnis des Materials und einer Beurteilung seines Quellenwerts bzw. seiner Aussagekraft im Hinblick auf die Beantwortung der Urteilsfrage. Gleichzeitig wird der historische und diskursive Kontext erschlossen, der für die Formulierung von Sachurteilen im folgenden Schritt von zentraler Bedeutung ist. Die Kontextualisierung bewegt sich vorwiegend in Anforderungsbereich II (vgl. KMK 2005, 6 f.).

Erkenntnisse der geschichtsdidaktischen Lehr-Lernforschung III

Lernenden fällt es mitunter schwer, das Material in einen übergreifenden Sach-, Sinn- und Problemzusammenhang zu stellen. Dabei sind nicht nur falsche zeitliche Einordnungen zu beobachten, sondern auch die Berücksichtigung solcher Betrachtungsebenen, die mit Blick auf die Urteilsfrage nicht relevant erscheinen (vgl. Schönemann/Thünemann/Zülsdorf-Kerting 2010, 55–62). Auch wenn entsprechendes Gegenstandswissen kurz zuvor im Unterricht vermittelt worden ist, wird es häufig nicht für Erklärungen genutzt (vgl. Langer-Plän 2003). Kontextinformationen am Material können hier ebenso Abhilfe schaffen wie eine Aufgabenformulierung, die auf Text- oder Bildelemente verweist, die einer historischen Einordnung bedürfen.

Deutende Schlussfolgerung

Nachdem das Material erschlossen ist, kommt es zur *deutenden Schlussfolgerung* und der Formulierung von *Bedeutung zuweisenden Sachurteilen* unter Rückgriff auf Deutungskategorien. Dabei handelt es sich um klassische Sachurteile im Jeismann'schen Sinne (vgl. Kap. 2.3), weshalb dieser Schritt teils im Anforderungsbereich II, vorwiegend jedoch im Anforderungsbereich III zu verorten ist (vgl. KMK 2005, 6 f.). Bedeutung zuweisende Sachurteile fußen auf deskriptiv-analytischen und erläuternd-kontextualisierenden Sachurteilen, konzentrieren sich jedoch oft nicht mehr auf ein einziges Material bzw. die aus ihm gewonnenen Erkenntnisse. Vielmehr entstehen sie im Schritt der Interpretation durch die kategoriengeleitete Auswertung der aus mehreren Materialien gewonnenen Tatsachen, die narrativ verknüpft werden und dadurch ein historisches Phänomen in seinem historischen bzw. diskursiven Kontext erklären. Die deutende Schlussfolgerung kann dabei auf mehreren Teil-Urteilen basieren, die in einzelnen Stunden einer Reihe gebildet und abschließend aufeinander bezogen werden. Als erklärende Schlussfolgerung beantworten sie so die Urteilsfrage, soweit diese auf die Formulierung von Sachurteilen abzielt. Nachweisen, Beurteilen, Untersuchen, Begründen, Prüfen, Widerlegen und Vergleichen sind zentrale Operationen, die für die Formulierung deutender Urteile nötig sind.

Erkenntnisse der geschichtsdidaktischen Lehr-Lernforschung IV

Lernende nutzen teilweise alltagsweltliche Begriffe statt wissenschaftlicher Kategorien und formulieren Sachurteile ohne Bezug zum Material (vgl. Schönemann/Thünemann/Zülsdorf-Kersting 2010, 62–68). Der Bezug zum Material ist höher bei solchen Themen, den Schüler*innen eher unbekannt und sie emotional weniger berühren (vgl. Hodel u.a. 2013, 140 f.). Darüber hinaus beeinflussen individuelle, teilweise kulturell bedingte Identifikationsbedürfnisse den Vergleich und die Beurteilung kontroverser Darstellungen (vgl. Köster 2013). Historische Urteilsbildung verlangt daher nicht nur eine systematische Arbeit mit und Ausdifferenzierung von kategorialem Wissen, sondern darüber hinaus auch eine Aufgabenkultur, die dafür Sorge trägt, dass Teilaufgaben bzw. Teilschritte der Urteilsbildung nicht isoliert betrachtet, sondern aufeinander bezogen sind und darüber hinaus zur Reflexion anregen (vgl. Heuer 2012; Köster/Bernhardt/Thünemann 2016).

Wertung

Der kognitive Prozess der Urteilsbildung endet – soweit die Urteilsfrage nicht auf ein Sachurteil abzielt – mit der *Wertung*. In diesem Schritt werden *Orientierung zuweisende Werturteile* über das Urteilsobjekt formuliert. Sie bauen auf den vorherigen Sachurteilen auf und bewerten das historische Phänomen aus gegenwärtiger Perspektive unter Rückgriff auf heutige Wert- und Normmaßstäbe (vgl. Kap. 3.3). Gleichzeitig stellen sie die Relevanz des untersuchten Phänomens und seiner Deutung für Gegenwart und Zukunft heraus. So können sie Orientierung stiften und zur Bildung einer historischen Identität beitragen. Die zentralen Denkoperationen bei der Werturteilsbildung sind Bewerten und Stellung nehmen. Dabei tritt die urteilende Person explizit in den Vordergrund. Werturteilsbildung ist im Anforderungsbereich III verortet (vgl. KMK 2005, 6 f.).

Erkenntnisse der geschichtsdidaktischen Lehr-Lernforschung V

Werturteile zu formulieren, fällt Lernenden teilweise nicht schwer. Dies gilt besonders für bereits bekannte und emotional aufgeladene Themen sowie bei solchen Kommunikationsformen, die auf diskursiven Austausch setzen (vgl. Hodel u.a. 2013, 137 u. 141). Wertmaßstäbe werden jedoch häufig nicht offengelegt (vgl. Schönemann/Thünemann/Zülsdorf-Kersting 2010, 68–70), was sich etwa bei persönlichen Stellungnahmen im Unterrichtseinstieg zeigt (vgl. Bracke 2017, 55 f.). Auch Werturteile in Darstellungen als solche zu erkennen, stellt

Schüler*innen mitunter vor Herausforderungen (vgl. Mehr 2012, 87). Historische Urteilsbildung verlangt daher eine systematische und reflektierte Auseinandersetzung mit Normen und Werten, die als Wertungskategorien bei der Urteilsbildung dienen können.

3.5 Urteilsbildung als Kommunikations- und Reflexionsprozess

Präsentation der Schülerurteile

Wie werden historische Urteile im Geschichtsunterricht kommuniziert, diskutiert und reflektiert? Mit der Beantwortung der kategorialen Urteilsfrage endet die historische Urteilsbildung im engeren Sinne. Da Urteilsbildung immer auch ein kommunikativer Prozess ist, schließt sich stets eine Phase der Kommunikation und Diskussion an, in der die formulierten Urteile präsentiert und argumentativ vertreten werden. Hierfür sind unterschiedliche Methoden denkbar (vgl. Conrad 2011b; 2011c; Hartung 2015; Wenzel 2015). In jedem Fall stehen am Ende des Prozesses Schülerprodukte, die sich an fachlich-disziplinären (Vortrag, Lexikonartikel, Rezension, Essay, Facharbeit, Vortrag etc.), geschichtskulturellen (Leserbrief, Gedenkrede, Podcast etc.) oder geschichtsdidaktischen Gattungen (Quelleninterpretation, Erörterung, Unterrichtsgesprächen und -diskussionen etc.) orientieren (vgl. Handro 2018, 32 f.; Wenzel 2015). Für die Strukturierung, die begriffliche und argumentative Verdichtung sowie die dadurch entstehende diskursive Anschlussfähigkeit bedarf es erneut eines Rückgriffs auf die bereits im Urteilsprozess genutzten Theorien und Kategorien (vgl. Kap. 3.3).

Reflexion und Überarbeitung

Im Zuge der Kommunikation und Diskussion oder spätestens im Anschluss daran kommt es zur Formulierung von *evaluierenden Meta-Urteilen* durch die Lernenden und die Lehrperson. Diese Urteile reflektieren sowohl den Prozess der Urteilsbildung als auch die gebildeten Urteile selbst (vgl. Peters 2014, 63 f.; Thünemann 2015, 287 f.). Sie können daher Ausgangspunkt für Überarbeitungen sein oder neue Lern- und Urteilsprozesse anstoßen. Nennen, Problematisieren, Reflektieren und Diskutieren stellen bei dieser Urteilsform die zentralen Denkoperationen dar. Besondere Bedeutung erhalten solche evaluierenden Meta-Urteile aber auch als Begründungen bei der Leistungsbeurteilung in Form von Kommentaren unter Klausuren, Facharbeiten etc.

Erkenntnisse der geschichtsdidaktischen Lehr-Lernforschung VI

Lernende neigen in der Unterrichtskommunikation zum vagen Sprechen, was mitunter dazu führt, dass Urteile mit gewisser Vorsicht artikuliert und vertreten werden. Zudem machen sie ihre Wertmaßstäbe nur selten transparent (vgl. Bracke 2017, 62 f.) und neigen dazu, inhaltliche Positionen aus Materialien eher zu referieren, statt sich mit ihnen tiefergehend, d.h. mit Blick auf die Problemfrage auseinanderzusetzen und in Argumente zu überführen (vgl. Mehr 2012, 81). V.a. bei vermeintlich bekannten Themen lässt sich feststellen, dass Lernende wenig Bezug aufs Material nehmen (vgl. Hodel u. a. 2013, 133). Bei der schriftlichen Kommunikation historischer Urteile kann hierbei eine systematische Schreibförderung hilfreich sein (vgl. Mierwald/Brauch 2015). Dabei hat die avisierte Darstellungsform ebenfalls Einfluss darauf, ob und wie sehr aufs Material verwiesen und Werturteile kommuniziert werden: Beiträge für eine Schülerzeitung enthalten etwa mehr Materialverweise als solche für Internetblogs und Podiumsdiskussionen, in denen wiederum häufiger werturteilshaltige Aussagen auftauchen (vgl. Hodel u. a. 2013, 137).

3.6 Urteile beurteilen

Historische Plausibilität

Wie lässt sich die Qualität historischer Urteile im Geschichtsunterricht bestimmen und Schülerleistungen bewerten? Als Grundlage hierfür kann auf die Kategorie der „historischen Plausibilität" nach Rüsen (vgl. Kap. 2.2) zurückgegriffen werden (vgl. Hoffmann 2012, 11; John 2020, 103; Schreiber 2005). Aus ihr lassen sich Kriterien eines guten historischen Urteils ableiten, die Schülerurteile unabhängig von der inhaltlichen Ausrichtung und ihrer Darstellungsform erfüllen müssen.

Mit Blick auf die Besonderheiten, die den didaktischen Modus der historischen Urteilsbildung vom wissenschaftlichen Erkenntnisprozess unterscheiden, muss Rüsens Systematik jedoch um den Aspekt der kontextuellen Plausibilität ergänzt werden. Die Berücksichtigung des Kontextes ist nicht nur ein wichtiger Aspekt historischen Argumentierens (vgl. z.B. Mierwald/Brauch 2015, 114 f.; Nitsche/Bräuer/Scheller 2020, 32–37; van Boxtel/van Drie 2018), sondern trägt auch zur weiteren fachspezifischen Schärfung von Rüsens Überlegung bei. Seine Systematik muss aber auch kleinschrittiger formuliert werden, um so für die einzelnen Operationen der Urteilsbildung zu sensibilisieren.

Historische Urteile der Lernenden sind empirisch plausibel, wenn ...

- sie die im Zuge der Materialanalyse und Kontextualisierung gewonnenen Erkenntnisse berücksichtigen, d.h. ihre Argumentation mit Verweis auf das Material stützen,
- das Material dabei inhaltlich korrekt und vollständig erfasst wird,
- keine der eigenen Deutung widersprechenden Informationen unterschlagen werden und das Material unterschiedliche Perspektiven und Deutungen enthält, d.h. die Darstellung den Prinzipien der Multidimensionalität, Multiperspektivität und Kontroversität gerecht wird.

Historische Urteile der Lernenden sind kontextuell plausibel, wenn ...

- Sachurteile das historische Phänomen unter Berücksichtigung der jeweiligen zeitgenössischen Ereignisse, Strukturen und Diskurse, in die es eingebettet ist, widerspruchsfrei erklären,
- im Zuge der Werturteilsbildung zeitgenössische Wertmaßstäbe sowie Unterschiede und Gemeinsamkeiten zu gegenwärtigen Normen und Werten berücksichtigt werden.

Historische Urteile der Lernenden sind theoretisch plausibel, wenn ...

- sie auf Basis wissenschaftsförmiger Theorie und Konzepte statt auf Basis von Alltagsvorstellungen formuliert sind,
- Urteilskategorien sowie die aus ihnen abgeleiteten Kriterien mit Blick auf das Erkenntnisinteresse sinnvoll gewählt, inhaltlich klar und begrifflich scharf formuliert und offengelegt werden.

Historische Urteile der Lernenden sind normativ plausibel, wenn ...

- Fragestellung, die eigene Perspektive und die bei der Werturteilsbildung zugrundgelegten Wertmaßstäbe offengelegt, begründet und reflektiert werden,
- das Werturteil auf Basis gegenwärtiger Verfassungsnormen formuliert wird oder zumindest nicht zu ihnen im Widerspruch steht,
- das Urteil grundsätzlich alternative Deutungen und Wertungen mitdenkt und abwägt sowie für Revisionen und Anpassungen offen bleibt.

Historische Urteile der Lernenden sind narrativ plausibel, wenn ...

- sie die Urteilsfrage beantworten und dadurch Orientierungsbedürfnisse befriedigen oder Kontingenzerfahrungen bewältigen,
- Deutungen und Wertungen in einer zusammenhängenden, logisch schlüssigen Darstellung kommuniziert und argumentativ vertreten werden,
- Deutungen und Wertungen adressaten-, gattungs- und situationsgerecht sowie mit Blick auf das Erkenntnisziel dargestellt und kommuniziert werden.

Die vorgeschlagenen Gütekriterien können so dabei helfen, die teils vagen Vorgaben der Kernlehrpläne und der EPA zu schärfen (vgl. Kap. 3.1). Zudem eignet sich die Systematik, um die Lernenden mit der Deutungskategorie „Plausibilität" (vgl. Kap. 3.3) vertraut und die Kriterien transparent zu machen, an denen sie sich einerseits bei der Formulierung eigener Urteile orientieren und die ihnen andererseits bei der Beurteilung fremder Deutungsangebote helfen können (vgl. Kap. 4.2). Schließlich kann die vorgeschlagene Systematik die Lehrkräfte dabei unterstützen, Schülerprodukte und besonders die Bearbeitung von Aufgaben aus dem Anforderungsbereich III zu beurteilen.

Pluralität der Urteile

Darüber hinaus erfolgt die Auseinandersetzung mit dem Urteilsobjekt inhaltlich ergebnisoffen. Der Geschichtsunterricht in einer offenen und demokratisch verfassten Gesellschaft fordert und fördert bewusst die Pluralität der Urteile (vgl. KMK 2018). Die Lehrkraft muss alle Schülermeinungen zulassen, soweit sie nicht gegen die freiheitlich-demokratische Grundordnung verstoßen, da solche Äußerungen nicht mehr durch die Meinungsfreiheit oder den Beutelsbacher Konsens (vgl. Kap. 3.1) gedeckt sind. Hier ist die Lehrkraft qua Amts- und Schulrecht verpflichtet, Position zu beziehen, für die entsprechenden Normen und Werte einzustehen und so auch eine Vorbildfunktion den Schüler*innen gegenüber einzunehmen (vgl. May 2016; Wieland 2019).

4. Unterrichtsbeispiele

Das folgende Kapitel veranschaulicht an drei Unterrichtssequenzen, wie historische Urteilsbildung im oben skizzierten Sinne umgesetzt werden kann. Die Beispiele thematisieren klassische Inhalte des Geschichtsunterrichts der Sekundarstufe I und II, um die Ausführungen praxisnah und anschlussfähig zu halten. Beschreibung und Begründung der jeweiligen Unterrichtsbeispiele orientieren sich an folgenden Leitfragen, die sich mit Blick auf das vorgestellte Modell der Urteilsbildung ergeben:

- Was ist das *Urteilsobjekt*, d.h. worüber sollen die Lernenden historisch urteilen?
- Mit welchen *Medien* lässt sich das Urteilsobjekt erschließen und beurteilen?
- Welche *Urteilsdimensionen* steuern und systematisieren den Urteilsbildungsprozess, d.h. welche Urteilsfrage bearbeiten die Lernenden im Unterrichtsbeispiel und steht entsprechend die historische Sach- oder Werturteilsbildung im Zentrum?
- Welche Potentiale ergeben sich aus den Antworten auf die vorherigen Fragen für das historische Lernen, d.h. welche *Ziele* können im Unterricht avisiert werden?
- Wie müssen der Unterricht bzw. die *Urteilsbildung als Erkenntnisprozess* strukturiert und methodisch angelegt sein, um diese Potentiale auszuschöpfen?
- Welche Formen der *Kommunikation und Diskussion* der gebildeten Schülerurteile erscheinen sinnvoll, um die Potentiale auszuschöpfen, und wie kann der gesamte Urteilsbildungsprozess reflektiert und eine Überprüfung der Lernziele ermöglicht werden?

Die Frage danach, vor welchen Rahmenbedingungen die Urteilsbildung erfolgt, d.h. in welchen gesellschaftlichen und unterrichtlichen Kontext das Unterrichtsbeispiel eingebettet ist sowie welche Voraussetzungen es auf Seiten der Lernenden zu berücksichtigen gilt, spielt bei der Begründung unterschiedlicher Planungsentscheidungen eine Rolle. Aus diesem Grund werden diese Aspekte nicht separat, sondern an der jeweiligen Stelle ausgeführt.

4.1 Keine Gleichberechtigung in Athen? Ein historisches Phänomen beurteilen

Urteilsobjekt

Das erste Unterrichtsbeispiel ist für den Unterricht in der Sekundarstufe I konzipiert und thematisiert die Rolle von Frauen in der attischen Gesellschaft. Das Urteilsobjekt ist also ein Phänomen der Vergangenheit. Im Zentrum steht die Frage danach, ob Frauen und Männer gleichberechtigt waren. Diese Frage drängt sich auf, wenn man aus heutiger Perspektive auf die griechische Gesellschaft schaut und dabei z.B. feststellt, dass Frauen nicht wahlberechtigt und somit von der politischen Herrschaft ausgeschlossen waren (vgl. Habermaier 2000).

Den Griechen war das moderne Konzept der Gleichberechtigung natürlich fremd. Männer und Frauen hatten in der damaligen Vorstellung unterschiedliche gesellschaftliche Aufgaben, die sie jeweils aufgrund ihrer Veranlagung oder Bestimmung besser erfüllen konnten als das andere Geschlecht. Auch wenn antike Autoren teils unterschiedlichen Positionen vertraten (vgl. Wunderer 2005, 14–19), schien ein gewisser Konsens zu bestehen: Die Aufgaben einer bürgerlichen Frau sollten v.a. die Kindererziehung und die Verwaltung des Hauses umfassen. Die Tätigkeit des Mannes erstreckte sich v.a. auf den außerhäuslichen Bereich. Er konnte sich politisch engagieren und ein Amt ausüben sowie seine Familie und die Polis mit Waffengewalt schützen (vgl. Q1). Gleichzeitig war er Familienoberhaupt und juristischer Vormund für seine Ehefrau (vgl. Habermaier 2000, 46 f.).

Medien

Die Vorstellung aber, dass Frauen im klassischen Athen ihren Männern völlig untergeordnet und nur auf das Haus beschränkt waren, beschreibt die historische Wirklichkeit nur bedingt (vgl. Wagner-Hasel 2017, 118–120). Die schriftlichen Quellen, auf denen diese Vorstellungen gründen und die häufig recht unkritisch in Schulbüchern Verwendung finden, spiegeln meist die zeitgebundenen Wertvorstellungen des jeweiligen Autors. So bleibt unklar, inwieweit diese Medien die gesellschaftliche Wirklichkeit dokumentieren. Bei dem in diesem Zusammenhang häufig zitierten Xenophon-Text „Über die Hauswirtschaft“ (*oikonomikos*) (Q1) handelt es sich beispielsweise um eine Form der Ratgeberliteratur. Er dokumentiert daher Xenophons Vorstellung darüber, wie ein Haushalt verwaltet und ein Ehepaar der griechischen Oberschicht zusammenleben sollte (vgl. Hartmann 2007, 64 f.).

Q1 Xenophon über die Rolle von Männern und Frauen (um 400 v. Chr.)

Mir scheinen auch die Götter dieses Gespann, Mann und Weib genannt, sehr vorsichtig zusammengepasst zu haben, damit es im Hinblick auf die eheliche Partnerschaft so nutzbringend wie möglich sei. [...]

Da beide Arten von Arbeit nötig sind, die draußen und drinnen, schuf Gott die Natur des Weibes für die Arbeiten im Haus, die des Mannes für die Arbeiten außerhalb des Hauses. Denn der Mann ist mehr dazu geschaffen, Kälte und Wärme, Märsche und Feldzüge zu ertragen. Daher trug der Gott ihm die Arbeiten außerhalb des Hauses auf. Der Körper der Frau ist weniger widerstandsfähig, deshalb ist sie besser für die Arbeiten im Hause geeignet. Da sie aber mehr dazu befähigt ist, die kleinen Kinder aufzuziehen, gaben ihr die Götter die größere Liebe [...]. Dass die Natur des Weibes furchtsamer ist als die des Mannes, darin sahen die Götter keinen Mangel. Dem Manne aber gaben sie mehr Kühnheit, da es zuweilen nötig sein könnte, sein Hab und Gut gegen zugefügtes Unrecht zu verteidigen.

Weil aber beide Teile geben und nehmen müssen, verteilte er Gedächtnis und die Sorge in gleicher Weise. Daher kann man nicht unterscheiden, welches Geschlecht darin den Vorzug verdient, das männliche oder das weibliche. Auch das Maßhalten in manchen Dingen teilte er beiden gleichmäßig zu. [...] Da aber der Gott die Natur beider nicht zu allem gleich gut geschaffen hat, sind sie aufeinander angewiesen und können einander helfen, weil der eine kann, was dem anderen fehlt.

Xenophon: Oikonomikos 7, 18 u. 22–29, in: Xenophon. Die Sokratischen Schriften, Memorabilien, Symposion, Oikonomikos, Apologie, hg. und übers. von Ernst Bux, Stuttgart 1956.

Das durch Xenophon vermittelte Bild gilt es durch weitere Quellen kritisch zu überprüfen. Hierfür können Vasenmalereien betrachtet werden, die Szenen aus dem Alltag dokumentieren. Zwar zeigen auch sie häufig idealisierte und symbolisch aufgeladene Darstellungen, trotzdem können die Vasen differenziertere Einblicke in die vergangene Wirklichkeit ermöglichen, da sie Szenen aus ganz unterschiedlichen Lebensbereichen abbilden und dabei den Fokus nicht nur auf Frauen der Oberschicht richten (vgl. Hildebrandt 2017, 92–133). So lässt sich den Malereien entnehmen, dass Frauen durchaus außerhaus tätig waren (Q2a) und auch handwerklichen Berufen nachgehen konnten bzw. mussten (Q2b). Sie nahmen an religiösen Festen teil, bei denen sie oft als Priesterinnen oder rituelle Dienerinnen wichtige kultische Aufgaben – allein oder zusammen mit Männern – erfüllten (Q2c und Q2d). Die Frühlings- und Fruchtbarkeitskulte, von denen Männer ausgeschlossen waren, lagen ganz in der Hand von Frauen (vgl. Habermaier 2000, 46 f.; Hartmann 2007, 53–77; Wagner-Hasel 2017, 120–123).

Q2 Griechische Vasenmalereien

a) Frauen holen Wasser am öffentlichen Brunnen (entnommen aus: Bittner u. a. 2005, 105)

b) Handwerkerin in einer Werkstatt bei der Bearbeitung einer Vase (entnommen aus: Pandel 2003, 85)

Q2 Griechische Vasenmalereien

c) Priesterinnen bereiten Stiere für eine Zeremonie vor (entnommen aus: Habermeier 2000, 49).

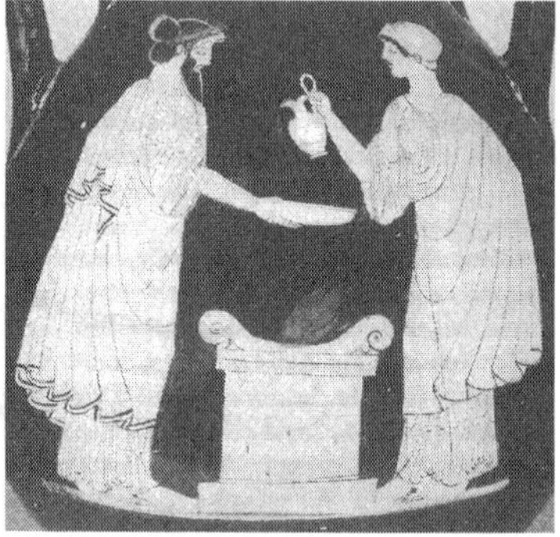

d) Mann und Frau bei einer gemeinsamen Opferzeremonie (entnommen aus: Hartmann 2007, 57).

Urteilsdimensionen

Welche Urteilsdimensionen sollen den Urteilsbildungsprozess steuern und systematisieren?

- Zentral sind die Deutungskategorien „Gleichberechtigung" sowie „männlich/weiblich", die erst alltagsweltlich gefüllt, dann durch die Beschäftigung mit den Quellen historisch reflektiert werden.
- Zudem ist die Kategorie „Quellenwert" zu nennen, da das Zusammenleben der Geschlechter sowie die gesellschaftliche Stellung von Frauen in den Materialien immer aus einer bestimmten Perspektive und mit einer bestimmten Absicht dokumentiert sind. Eine Beurteilung der Aussagekraft einzelner Quellen ist daher nötig.
- Schließlich spielt die Kategorie „Wandel" eine Rolle, da sich die Vorstellungen über die gesellschaftlichen Rollen von Frauen und Männern über die Zeit verändert haben und dies in der Beschäftigung mit dem Urteilsobjekt ersichtlich wird.

Ziele

Aus den bis hierhin skizzierten Überlegungen wird deutlich, welche Potentiale sich für das historische Lernen ergeben können. Zu den konkreten Zielen gehört einerseits, dass die Schüler*innen ihr Wissen über die Gesellschaft der griechischen Polis erweitern. Andererseits sollen die

Fähigkeiten zur Interpretation schriftlicher und bildlicher Quellen gefördert werden, wobei ein besonderes Augenmerk auf die Bestimmung des Quellenwertes gelegt wird. Hierbei erweitern die Lernenden auch ihr fachspezifisches Gattungswissen. Schließlich kann der Unterricht am Beispiel der gesellschaftlichen Rollen der Frauen die Einsicht fördern, dass Geschlechterrollen soziale und kulturelle Konstrukte darstellen, die einem historischen Wandel unterliegen. Dies kann die Reflexion eigener Vorstellungen über Frauen und Männer, weiblich und männlich anregen, wodurch der Unterricht einen Beitrag zur Orientierung und Identitätsbildung zu leisten vermag.

Wie muss der Unterricht methodisch angelegt sein, um diese Potentiale auszuschöpfen? Der im Folgenden skizzierte Unterrichtsverlauf setzt voraus, dass die Lernenden bereits basale Fähigkeiten im Umgang mit schriftlichen und bildlichen Quellen besitzen. Zudem wird davon ausgegangen, dass sich die Schüler*innen in den vorangegangenen Stunden mit der attischen Demokratie im 6. und 5. Jahrhundert befasst haben.

Unterrichtseinstieg

Im Einstieg werden die Lernenden mit einem Auszug aus dem Xenophon-Text (Q1) konfrontiert: „Da beide Arten von Arbeit nötig sind, die draußen und drinnen, schuf Gott die Natur des Weibes für die Arbeiten im Haus, die des Mannes für die Arbeiten außerhalb des Hauses." Das Zitat soll Irritationen hervorrufen und die Formulierung von Spontanurteilen provozieren. Die Schüler*innen könnten sich ablehnend oder zustimmend zu der klaren Rollen- und Aufgabenverteilung äußern. Sie könnten beklagen, dass es scheinbar keine Gleichberechtigung bei den Griechen gab. Ein Rückgriff auf das Vorwissen zum politischen System und der Verweis darauf, dass Frauen von der politischen Herrschaft ausgeschlossen waren, könnten das Urteil stützen.

Entwicklung von Leitfragen und erste Erarbeitungsphase

Der Lehrkraft obliegt es im nächsten Schritt, die Spontanurteile zusammen mit der Lerngruppe in Fragen zu überführen, die durch den weiteren Unterricht leiten. Die Formulierung hypothesenartiger Vor-Urteile kann darauf aufbauen.

Folgende Fragen sollten jedenfalls am Ende des Einstiegs formuliert worden sein:

1. Wie begründet Xenophon seine Ansichten über Frauen und Männer?
2. Haben die Menschen im antiken Griechenland die Aufgabenteilung wirklich so gehandhabt?
3. Waren Frauen und Männer (nicht) gleichberechtigt?

Mit Blick auf die Lernvoraussetzungen ist es sinnvoller, die einzelnen Schritte der Urteilsbildung durch eigene Leitfragen zu verdeutlichen, um die Lernenden so dafür zu sensibilisieren, dass vor dem Urteilen erst die gründliche Klärung des Sachverhaltes erfolgen muss (vgl. Kap. 2.2 u. 3.4). Entsprechend ist es angebracht, den Sinn hinter den Fragen und den sich daraus ergebenen Unterrichtsverlauf kurz zu erläutern. Anschließend sollten die Schüler*innen gefragt werden, wie man die einzelnen Fragen beantworten könnte. Im Idealfall antworten sie, dass man sich den Text von Xenophon, aus dem der Einstiegsimpuls stammt, genauer anschauen und zu seiner Überprüfung weitere Quellen heranziehen sollte.

Arbeitsaufträge zu Q1

Leitfrage: Wie begründet Xenophon seine Ansichten über Frauen und Männer?

1. Analysiere die Quelle. Gehe hierfür folgendermaßen vor:
   a) Nenne die formalen Merkmale der Quelle. Hierfür musst du v.a. in die Zusatzinformationen schauen!
   b) Arbeite heraus, welche Aufgaben Frauen und Männer laut Quelle haben und wie der Autor dies jeweils begründet. Hierfür kannst du die jeweiligen Aufgaben und die dazugehörigen Begründungen unterstreichen. Wähle für Frauen und Männer unterschiedliche Farben. [Alternative: Halte die Ergebnisse in einer Tabelle fest. Vergiss dabei nicht, die einzelnen Aussagen mit Zeilenangaben zu belegen!]

Zusatzinformationen für die Analyse

Xenophon war ein griechischer Politiker und Schriftsteller aus Athen. Er lebte ungefähr von 430 bis 354 v. Chr. Der vorliegende Text stammt aus seinem Buch „Über die Hauswirtschaft". Bei dem Buch handelt es sich um eine Art Ratgeber, in dem der Autor reichen Athener Bürgern erklärt, wie man einen Haushalt führt und wie die Eheleute zusammenarbeiten sollten. Wann Xenophon den Text geschrieben hat, weiß man nicht genau.

Die Ergebnisse der Teilaufgaben werden an der Tafel gesichert. Falls die Lernenden nicht selbst kritisch nachfragen, welche Einblicke in die vergangene Wirklichkeit ein Ratgeber erlaubt, der sich an die wohlhabende Bürgerschicht richtet, wird die Frage nach der Aussagekraft der Quelle offensiv an die Lerngruppe gestellt. Unter Rückgriff auf ihr Alltagswissen über Ratgeber oder Tutorials sollen die Schüler*innen erkennen, dass solche Texte selten die Wirklichkeit spiegeln, sondern festhalten, wie etwas im Idealfall funktionieren oder aussehen sollte. Ferner soll den Lernenden bewusst werden, dass die wohlhabende Oberschicht nur einen sehr kleinen Teil der Bevölkerung ausmachte und daher nichts über die Situation anderer Gruppen aussagen muss.

Ergebnissicherung und -reflexion

Am Ende dieser Unterrichtsphase sollte von den Lernenden das einordnend-erläuternde Sachurteil über die Quelle formuliert werden, dass ihre Aussagekraft über die vergangene Wirklichkeit begrenzt ist. Die Lerngruppe sollte dann schlussfolgern, dass man für die Beantwortung der Urteilsfrage weitere Quellen heranziehen muss, die andere Lebensbereiche abdecken und v.a. auch Erkenntnisse über Frauen ermöglichen, die nicht zur gesellschaftlichen Elite gehörten.

Es folgt eine zweite Erarbeitungsphase, in der sich die Lerngruppe nun mit den oben vorgestellten Vasenmalereien (Q2a bis Q2d) beschäftigt und so die zweite Leitfrage bearbeitet. Die Abbildungen werden zunächst ohne erläuternde Überschrift und Kontextinformationen bereitgestellt. Diese erhalten sie erst zur Bearbeitung von Aufgabe 2:

Zweite Erarbeitungsphase

Arbeitsaufträge zu Q2a-d

Leitfrage: Haben die Menschen im antiken Griechenland die Aufgabenteilung wirklich so gehandhabt?

1. Analysiere die Quellen. Gehe hierfür folgendermaßen vor:
   a) Nenne die formalen Merkmale der Quelle. Hierfür musst du v.a. in die Zusatzinformationen schauen!
   b) Beschreibe die dargestellten Szenen. Stelle Vermutungen auf, welchen Tätigkeiten die Personen nachgehen.

Zusatzinformationen für die Analyse

Vasenmalereien zeigen oft Szenen aus dem Alltag. Die Bilder halten keinen konkreten Moment fest, wie Fotos das tun. Die Künstler haben sich aber von ihrer Umgebung inspirieren lassen. Die Vasen zeigen daher Szenen, die sich so ähnlich abgespielt haben können. Wer die Vasen getöpfert und bemalt hat, lässt sich häufig an Signaturen ablesen. Alle Vasenmaler, die wir heute mit Namen kennen, waren Männer. Bei den hier abgebildeten Vasen sind die Künstler aber unbekannt. Die Vasen stammen etwa aus der Zeit von ca. 500 bis ca. 400 v. Chr.

2. Erläutere die Quelle in ihrem historischen Zusammenhang. Gehe folgendermaßen vor:
   a) Erkläre unter Rückgriff auf die Zusatzinformationen die auf der Vase dargestellte Szene. Überprüfe so deine unter 1b. formulierten Vermutungen.
   b) Formuliere auf Basis deiner Ergebnisse eine passende Überschrift, mit der die Vasendarstellung am besten beschrieben wird.

Zusatzinformationen für Aufgabe 2

Q2a: Im antiken Griechenland hatten die Häuser in der Regel keinen eigenen Brunnen. Das Wasser musste daher von öffentlichen Brunnen geholt werden. Wenn die Familie sehr wohlhabend war, erfüllten Dienerinnen diese Aufgabe. Andernfalls gingen Mädchen oder auch die Ehefrau selbst zum Brunnen.

Q2b: Es gab zahlreiche Handwerker in Athen. Unter ihnen waren durchaus auch Athener Bürgerinnen und Bürger. Gerade bei weniger wohlhabenden Familien arbeiteten Männer und Frauen häufig gemeinsam in der Werkstatt. Die meisten handwerklichen Tätigkeiten dürften trotzdem v.a. von Männern ausgeführt worden sein.

Q2c: Im antiken Griechenland gab es viele religiöse Feste und Rituale. Mit ihnen wurde zu bestimmten Anlässen einem Gott oder einer Göttin für etwas gedankt oder auch um deren Unterstützung gebeten. Dabei wurden auch Tiere geopfert, die man für das Fest vorher schmückte. Priesterinnen oder Priester waren für die Durchführung verantwortlich. An den Festen durften alle Einwohnerinnen und Einwohner teilnehmen. Es gab aber auch Feste, die nur für Frauen oder nur für Männer waren.

Q2d: Auch Zuhause wurden religiöse Rituale durchgeführt. Oft wurden dabei Dinge verbrannt. Unterschiedliche Gegenstände und Flüssigkeiten konnten eine Rolle spielen. Die Eheleute führten die Rituale auch gemeinsam durch.

3. Vergleiche die Erkenntnisse, die du aus der Untersuchung der Vasen gewonnen hast, mit den Aussagen von Xenophon. Gehe dabei folgendermaßen vor:
   a) Vergleiche Xenophons Aussagen über die Aufgaben von Frauen und deren Fähigkeiten mit den auf den Vasen dargestellten Tätigkeiten.
   b) Versetze dich in eine der Frauen, die auf den Vasen abgebildet sind. Formuliere aus ihrer Perspektive eine kurze Antwort auf Xenophons Ansichten.
4. Beurteile, ob die Geschlechter gleichberechtigt waren. Gehe hierfür folgendermaßen vor:
   a) Definiere, was Gleichberechtigung eigentlich bedeutet. Welche Bedingungen müssen erfüllt sein, damit Frauen und Männer als gleichberechtigt gelten können? Welche Lebensbereiche sind dabei wichtig? Erstelle eine Checkliste.
   b) Überprüfe mithilfe Deiner Checkliste und der Quellen Q1 und Q2a-d, in welchen Lebensbereichen die Bedingungen erfüllt sind.
   c) Formuliere Dein Urteil. Nutze für die Begründung die Ergebnisse aus Aufgabe 4b. Sie dienen Dir als Argumente, um Deine Position zu begründen.

Es bietet sich bei dieser Phase an, nach der Bearbeitung von Aufgabe 1 eine Sicherung der Zwischenergebnisse einzuschieben. Anschließend können die Hinweise zum historischen Kontext verteilt werden. Aufgabe 3 kann im Plenum bearbeitet und dabei direkt auf die an der Tafel gesicherten Befunde über den Xenophon-Text Bezug genommen werden. Die in Teilaufgabe b forcierte Perspektivübernahme dient dazu, die Unterschiede zwischen den verschiedenen Quellenaussagen auf den Punkt zu bringen.

Diskussion der Ergebnisse und Sachurteilsbildung

Die Ergebnisse leiten direkt zur Diskussion und zur abschließenden Sachurteilsbildung über. Der vierte Arbeitsauftrag verdeutlicht, wie die Lernenden schrittweise bei der Formulierung eines plausiblen Urteils (vgl. Kap. 3.6) unterstützt werden können. Die Schüler*innen sollen dabei erkennen, dass es klarer Kriterien für eine Beurteilung bedarf (vgl. Kap. 3.3) und dass die von ihnen geleistete Quellenarbeit einschließlich der kritischen Beurteilung der Aussagekraft unterschiedlicher Materialien grundlegend für das Verstehen des historischen Phänomens ist. Der Fokus liegt somit auf die Herstellung theoretischer und empirischer Plausibilität. Um die Lerngruppe bei der Formulierung einer abschließenden Schlussfolgerung und der Beantwortung der dritten Leitfrage der Sequenz zu unterstützen, können sprachliche Scaffolds (vgl. Kaestner/Wehen 2020) bereitgestellt werden, um so auch die narrative Plausibilität der Urteile zu erhöhen.

Werturteilsbildung

An diese Sachurteilsbildung kann die Formulierung historischer Werturteile anschließen. Mit Blick auf die im Einstieg formulierten Spontanurteile oder Fragen sind unterschiedliche Schwerpunkte möglich:

- Bewertung von Xenophons Vorstellungen über das Zusammenleben von Frauen und Männern aus heutiger geschlechtergeschichtlicher Perspektive: Hierbei könnte die klare Rollenverteilung negativ beurteilt, die gleichzeitige Betonung eines partnerschaftlichen Verhältnisses, in dem sich Frauen und Männer helfen und unterstützen, aber durchaus positiv gesehen werden.
- Formulierung eines Relevanzurteils: Eine andere Möglichkeit der Werturteilsbildung bestünde darin, die Lernenden um eine Stellungnahme zu bitten, warum man sich mit den Rollen von Frauen und Männern in vergangenen Zeiten auseinandersetzen sollte oder ob es überhaupt sinnvoll ist, Fragen der Gleichberechtigung an vergangene Gesellschaften zu stellen.

Abschließende Reflexionsphase

In der folgenden Reflexionsphase sind mit den Lernenden abschließend vier Aspekte zu thematisieren:

- Es sollte diskutiert werden, welche Hypothesen aus der Einstiegsphase sich bewahrheitet haben und wie die Schüler*innen und ihre eingangs formulierten Spontanurteile einschätzen.
- Zu reflektieren ist auch, wie sich die Schülervorstellungen über Geschlechterrollen in der attischen Gesellschaft im Verlauf der Sequenz stetig durch die Arbeit mit den Quellen verändert und ausdifferenziert haben. Der Lerngruppe sollte bewusst geworden sein, dass Quellen stets nach der Aussagekraft, die einem Material im Lichte einer konkreten Fragestellung zukommt, beurteilt werden müssen. Hier wäre sicherlich zu thematisieren, dass natür-

lich auch die Vasen vergangene Wirklichkeit nicht einfach abbilden, dass aber der Vergleich unterschiedlicher Quellen eine Überprüfung einzelner Quellenaussagen erlaubt und so differenziertere Einblicke in einen historischen Sachverhalt möglich werden können.

- In der Reflexionsphase ist anzusprechen, dass sich in den Quellen ein sog. männlicher Blick auf die Geschlechter spiegelt (vgl. Wunderer 2005, 14) und sich kaum nachvollziehen lässt, wie Frauen über das Zusammenleben der Geschlechter dachten. Auch wenn Frauen Vasen bemalt haben (Q2b), bleibt unklar, ob sie in der Gestaltung frei waren oder eher gesellschaftlichen Konventionen und ökonomischen Zwängen folgten (vgl. Hildebrandt 2017, 36 u. 39).
- Schließlich sollte die Lerngruppe reflektieren, dass die Art, wie Menschen zusammenleben und wie sie dabei die Rollen der Geschlechter definieren, einem zeitlichen und kulturellem Wandel unterliegt. Die Kategorie „Geschlecht" wird so als gesellschaftliches Konstrukt erkennbar. In späteren Reihen muss es dann darum gehen, das bipolare Geschlechtermodell zu hinterfragen.

4.2 War die DDR ein Unrechtsstaat? Komplexe historische Urteile fällen

Die Formulierung plausibler historischer Urteile ist ein komplexer Prozess, der meist mehr als eine Schulstunde in Anspruch nimmt. Das folgende Beispiel verdeutlicht, wie eine einzelne Urteilsfrage eine ganze Unterrichtsreihe zu tragen vermag. In den Fokus rückt die gesellschaftliche Auseinandersetzung mit der DDR-Geschichte, beurteilt wird also ein historisches Urteilsproblem der Gegenwart. Das Unterrichtsbeispiel ist für den Geschichtsunterricht der Sekundarstufe II konzipiert.

Urteilsobjekt

Urteilsobjekt und Gegenstand des Unterrichts ist die Auseinandersetzung mit der Urteilsfrage, ob die DDR ein Unrechtsstaat war. Diese Frage wird seit der Wiedervereinigung in Öffentlichkeit, Politik und Wissenschaft kontrovers diskutiert. Besonders im Kontext von Jahrestagen erfährt die Debatte regelmäßig neuen Schwung. Sie ist dabei eingebettet in einen größeren gesellschaftlichen Diskurs über die DDR und ihre Aufarbeitung, der geprägt ist vom Nebeneinander lebensgeschichtlicher, geschichtskultureller und geschichtswissenschaftlicher Deutungen (vgl. Großbölting 2010; Handro/Schaarschmidt 2011).

Medien

Die Kontroverse wird medial ausgetragen und lässt sich entsprechend über geschichtswissenschaftliche und geschichtskulturelle Medien erschließen. Überregionale Zeitungen und Magazine entwickeln sich dabei zu zentralen Diskursmedien, in denen Akteure ihre Positionen formulieren, sich kritisch mit anderen Meinungen auseinandersetzen und der Debatte dadurch neue Impulse verleihen. Dies wird exemplarisch an der Debatte aus dem Jubiläumsjahr 2009 deutlich, die von Seiten einzelner Politiker angestoßen und auch von der Geschichtswissenschaft kommentiert wurde (vgl. BPB 2010; von Reeken 2012, 97–99).

Gesine Schwan und Marianne Birthler

Eine Auseinandersetzung, die dabei besonders herausstach, war diejenige zwischen der Kultur- und Politikwissenschaftlerin Gesine Schwan (2019; D1), die im selben Jahr für die SPD als Bundespräsidentin kandidierte, und der DDR-Bürgerrechtlerin und damaligen Bundesbeauftragen für die Unterlagen des Staatssicherheitsdienstes der ehemaligen DDR, Marianne Birthler (2019). Ihr Disput dokumentiert nicht nur die Kontroversität der Debatte, sondern führt vor Augen, wie öffentlich mit historischen Begriffen und Kategorien diskutiert und Deutungen diskursiv ausgehandelt werden, weshalb der Vergleich der beiden Texte im Unterricht naheliegt (vgl. Langendorf 2015, 360 f.).

D1 Gesine Schwan – In der Falle des Totalitarismus (2009)

Wer die DDR einen „Unrechtsstaat" nennt, stellt ihre ehemaligen Bürger unter einen moralischen Generalverdacht. [...] Deshalb wende ich mich gegen eine monopolistische Deutung der DDR als „Unrechtsstaat". Dabei verstehe ich die Gründe, warum andere sie so bezeichnen, durchaus: fehlende Menschen- und Bürgerrechte, keine Gewaltenteilung, keine unabhängige Justiz, keine freien Wahlen. Ich habe das Regime der DDR selbst unzählige Male so oder ganz ähnlich kritisiert, die DDR als Diktatur bezeichnet und öffentlich hinzugefügt, dass deswegen zum Beispiel auch die

„Errungenschaften" im Kindergarten oder Schulsystem immer unter diesem fundamental einschränkenden Vorzeichen gesehen werden müssen.

Dabei folge ich der berühmten Analyse, die der Politikwissenschaftler Ernst Fraenkel aus eigener Erfahrung über den NS-Staat vorgelegt hat. Er unterscheidet in seinem Buch über den Doppelstaat zwischen dem „Normenstaat" und dem „Maßnahmenstaat", dessen Dualität das „Dritte Reich" geprägt hat. Während der „Normenstaat" um des möglichst reibungslosen Funktionierens von Wirtschaft und Gesellschaft willen in vielen Bereichen die rechtsstaatliche Tradition der Weimarer Republik fortsetzte, konnte die NSDAP im „Maßnahmenstaat" den „Normenstaat" jederzeit willkürlich außer Kraft setzen. Auch die SED konnte jederzeit die rechtsförmigen Verfahren aussetzen und hat das mit ihrer marxistisch-leninistisch „legitimierten" Avantgarderolle gerechtfertigt. Daher war und blieb die DDR nicht nur eine Diktatur, sondern auch ein Ort, an dem aus Mangel an Rechtsstaatlichkeit und Gewaltenteilung Willkür jederzeit praktiziert werden konnte und von der SED auch praktiziert wurde.

Wer nun über diese Qualifizierungen hinaus auf der totalisierenden Bezeichnung „Unrechtsstaat" besteht, muss mehr wollen und schließt de facto auch mehr ein. Denn das totalisierende Wort „Unrechtsstaat" verweist auf die Gestalt der gesamten ostdeutschen Lebenswirklichkeit. Während man sich der Mitgliedschaft in der herrschenden Einheitspartei SED, erst recht in der Stasi entziehen konnte, blieb der Staat der DDR das unvermeidbar umfassende politische Gehäuse aller Ostdeutschen. Der Staat ist keine separate Organisation innerhalb oder neben der Gesellschaft, sondern die Gesellschaft in ihrer politischen Verfasstheit. Wird der Staat pauschal zum „Unrechtsstaat" gemacht, folgen daraus auch Wertungen für die Lebenswirklichkeit der Menschen. Das gilt in der Interpretation des „Unrechtsstaates" im Übrigen ohne historische Veränderung über die gesamten vierzig Jahre, Veränderungen in der Realität des Regimes werden so ausgeblendet. In dieser Sicht macht es auch keinen Unterschied, ob man FDJ-Funktionär, Naturwissenschaftler an der Akademie der Wissenschaften der DDR war oder marxistischleninistischer Indoktrinierer. So konnte es kein „richtiges" Leben im „falschen" geben.

Es macht also einen Unterschied aus, ob man den Menschen in der DDR, die seit dem Mauerbau Gefangene dieses Staates waren, pauschal unterstellt, dass sie sich als Staatsbürger in ihrem beruflichen wie privaten Leben an diesem Unrecht beteiligt haben, weil sie unvermeidbar involviert waren, oder ob man ihnen innerhalb des Staates der DDR die Möglichkeit rechtlichen Handelns einräumt. Entweder der DDR-Staat hat als „Unrechtsstaat" 40 Jahre lang jede Schule, jeden Kindergarten, jedes Bauamt geprägt und die Menschen jederzeit in sein Unrecht gleichsam hineingezogen.

Dann verliert die gegenwärtig gängige und „politisch korrekte" Unterscheidung zwischen den Menschen und dem politischen System, unter dem sie leben mussten, jeden Sinn. Denn dann mussten sich alle kompromittieren. Oder man konzediert, dass es analog zu Fraenkels „Normenstaat" Bereiche im Staat der DDR gab, in denen es trotz des Damoklesschwerts der SED-Willkür faktisch, wenn auch nie gesichert, auch rechtlich zuging. In denen die Menschen sich auch um Rechtlichkeit bemühten. Um diese Unterscheidung geht es mir in der Abwehr der totalisierenden Deutung des „Unrechtsstaats".

Genau diese Unterscheidung spüren die meisten Menschen in Ostdeutschland genau. Wenn man sich im Alltag mit ihnen unterhält, hat der oft rhetorisch geforderte Dialog zwischen Ost- und Westdeutschen Konsequenzen. Wenn viele Ostdeutsche sich von den Westdeutschen moralisch als Menschen zweiter Klasse behandelt fühlen, dann vor allem deshalb, weil viele Westdeutsche sich vom „sicheren Hafen" des bundesrepublikanischen freiheitlichen Rechtsstaates aus berechtigt meinen, die Bürger des „Unrechtsstaats" DDR unter einen moralischen Generalverdacht zu stellen. [...]

Es geht mithin überhaupt nicht darum, das Unrecht, das von der SED in der DDR praktiziert wurde, zu bagatellisieren. [...] Die Diktatur wurde den Ostdeutschen auferlegt. Der totalisierende „Unrechtsstaat" stellt sie flächendeckend moralisch unter Verdacht. In der rechtsstaatlichen Demokratie des vereinigten Deutschland gilt aber zunächst die Unschuldsvermutung für alle Bürger – nicht nur für die westdeutschen.

Schwan, Gesine: In der Falle des Totalitarismus. In: Die Zeit, Nr. 27 v. 25.6.2009.

Die Ausführungen konzentrieren sich im Folgenden auf das Essay von Gesine Schwan, um so exemplarisch die Beurteilung historischer Darstellungen zu skizzieren.

Urteilsdimensionen

Im Zentrum der Kontroverse steht die Frage danach, ob es plausibel ist, die DDR als Unrechtsstaat zu bezeichnen. Mit Blick auf die Urteilsdimensionen sind demnach zwei Kategorien wesentlich:

- Zunächst ist hier die Kategorie „Unrechtsstaat" zu nennen, wobei sie häufig – implizit oder explizit – unter Rückgriff auf die Kategorie „Rechtsstaat" modelliert wird. Im Kern handelt es sich dabei um juristische oder sozialwissenschaftliche Kategorien, über die selbst in der Forschung kein Konsens herrscht, die aber dennoch zur Bezeichnung von NS-System und DDR Verwendung finden (vgl.

Deutscher Bundestag 2018). Diese Deutungskategorien helfen dabei, die jeweiligen Systeme in ihrem zeitgenössischen Kontext zu verstehen und historische Phänomene vergleichend zu erklären. Da die Auseinandersetzung mit der DDR-Geschichte aber hochgradig identitätsrelevant ist und zur Schärfung des Begriffs „Unrechtsstaat" oft normative Kriterien herangezogen werden, verschwimmt die Grenze zwischen Sach- und Werturteilsbildung. Dies erschwert die Diskussion, da häufig auf unterschiedlichen Ebenen argumentiert wird.

- Zudem bedarf es der Arbeit mit der Kategorie „Plausibilität". Sie hilft zum einen dabei, die in der Diskussion formulierten Deutungen der DDR zu beurteilen und so Sachurteile über die jeweiligen Darstellungen zu fällen. Zum anderen müssen eigene Stellungnahmen zu der Frage, ob es sich bei der DDR um einen Unrechtsstaat handelte, selbst den Plausibilitätskriterien genügen (vgl. Kap. 3.6).

Neben den Kategorien „Unrechtsstaat/Rechtsstaat" und „Plausibilität" bedarf es des Rückgriffs auf weitere Kategorien. Welche dies sind, hängt davon ab, wie die als Unterrichtsmedien ausgewählten Essays theoretische Plausibilität herstellen. Bei der Auseinandersetzung mit Schwans Text (D1) sind beispielsweise die Kategorien „Maßnamenstaat/Normenstaat" sowie „Totalitarismus", „Diktatur" relevant, die den Lernenden bereits aus Unterrichtseinheiten zum Nationalsozialismus bekannt sein dürften und mit gängigen Schulbuchglossaren problemlos rekapituliert werden können (z.B. Langendorf 2015, 542 u. 540).

Ziele

Aus den bisherigen Überlegungen lassen sich Lernpotentiale und mögliche Ziele des Unterrichts ableiten. Indem die Lernenden Wissen über die Debatte und exemplarische Positionen erwerben, werden sie in die Lage versetzt, ihre eigenen Vorstellungen über die DDR zu reflektieren. Das Unterrichtsbeispiel kann somit einen Beitrag zur historischen Orientierung leisten. Darüber hinaus bietet sich die Chance, durch die Beschäftigung mit den Kategorien „Unrechtsstaat" und „Plausibilität" das kategoriale Wissen der Lernenden auszudifferenzieren und so den kritischen Umgang mit historischen Urteilen zu üben sowie selbst plausible Stellungnahmen zu formulieren. Durch die Auseinandersetzung mit den Essays lernen die Schüler*innen nicht nur Produkte einer systematisch-reflektierten Urteilsbildung kennen und erwerben Gattungswissen, sondern gewinnen auch exemplarische Einsichten darüber, wie gesellschaftliche Diskurse über historische Phänomene geführt werden.

Wie muss der Unterricht methodisch angelegt sein, um diese Potentiale auszuschöpfen?

Einstieg in die Unterrichtsreihe

Im Einstieg in die Unterrichtsreihe wird mit der Lerngruppe die Urteilsfrage entwickelt. Hierfür bietet sich der Rückgriff auf aktuelle oder besonders prominente Positionen aus der Debatte an, die in Form prägnanter oder provozierender Zitate präsentiert werden. Basierend auf ihren Vorstellungen über die DDR formulieren die Lernenden Spontanurteile, aus denen einerseits Kriterien abgeleitet werden, die einen Staat als Unrechtsstaat kategorisieren und herausstellen, was ihn vom Rechtsstaat unterscheidet. Andererseits können aus den Spontanurteilen unterschiedliche Lebensbereiche herausgearbeitet werden, die für die Einschätzung zu berücksichtigen sind. Rückgriffe auf die Inhalte früherer Unterrichtseinheiten zur NS-Geschichte bieten sich dabei sowohl für die Schärfung der Urteilskategorien als auch für die Identifikation relevanter Betrachtungsebenen an und können von den Schüler*innen selbst hergestellt oder von der Lehrkraft forciert werden. In jedem Fall sollte den Lernenden nach einem entsprechenden Reiheneinstieg zu der Einsicht gelangen, dass es zunächst sinnvoll ist, sich quellenbasiert mit der DDR-Geschichte auseinanderzusetzen, bevor eine kritische Betrachtung der Unrechtsstaat-Kontroverse und die eigene Positionierung möglich werden.

Erste Reihensequenz: Gesellschaft und Alltag in der DDR

Auf den problemorientierten Reiheneinstieg folgt also eine Sequenz, in der sich die Lernenden quellenbasiert mit Gesellschaft und Alltag in der DDR beschäftigen (vgl. Ziegenhagen 2013, IV). Die Auswahl konkreter Inhalte sollte die individuellen Vorstellungen und Interessen der Schüler*innen berücksichtigen, geschichtskulturell besonders präsente Phänomene thematisieren sowie multiperspektivische und multidimensionale Zugriffe ermöglichen (vgl. Kap. 3.1 u. 3.2). Die zentralen Ziele dieser Sequenz bestehen darin, die Fähigkeit zur Beurteilung historischer Phänomene durch die Arbeit mit epochentypischen Quellen zu fördern und dadurch den Erwerb historischen Gegenstandswissen über die DDR sowie die Reflexion alltagsweltlicher Vorstellungen zu ermöglichen.

Zweite Reihensequenz: Unrechtsstaat-Debatte

In der darauffolgenden Sequenz kann nun die Thematisierung der Unrechtsstaat-Debatte selbst erfolgen. Die Sequenz ist insgesamt dreiteilig konzipiert.

Einstieg

Im Einstieg werden die Lernenden zunächst mit zentralen Statements aus dem Materialien konfrontiert, die in der Erarbeitungsphase anschließend kritisch beurteilt werden sollen, z.B. „Wer die DDR einen ‚Unrechtsstaat' nennt, stellt ihre ehemaligen Bürger unter einen moralischen Generalverdacht." (Schwan 2009) Einige der Zitate sollten bereits im Reiheneinstieg genutzt worden sein, um so eine inhaltliche Klammer herzustellen. Auf Basis des in der vorangegangenen Sequenz erworbenen Gegenstandswissens über die DDR können die Lernenden zunächst in Spontanurteilen „Zustimmung, Abwehr oder auch Indifferenz" (Jeismann 1978a, 58) zum Ausdruck bringen. Schließlich sollten die Schüler*innen am Ende des Einstiegs die Frage nach der Plausibilität der jeweiligen Urteile stellen. Es wird davon ausgegangen, dass die verschiedenen Plausibilitätskriterien (vgl. Kap. 3.6) in einem Kurs der Sekundarstufe II bereits bekannt sind und sie an dieser Stelle lediglich einer kurzen Auffrischung bedürfen. Die Lernenden können dann wiederum unter Rückgriff auf ihr Vorwissen Hypothesen über mögliche Argumente für die jeweilige Deutung sowie Vorschläge für das weitere methodische Vorgehen formulieren.

Erarbeitung unterschiedlicher Positionen

Im zweiten Teil der Sequenz setzen sich die Lernenden nun arbeitsteilig mit unterschiedlichen Positionen auseinander, um am jeweiligen Material die Plausibilität der Deutung zu beurteilen. Die Anzahl der Texte kann variiert werden, solange das Prinzip der Kontroversität eingehalten wird (vgl. Kap. 3.1 u. 3.2). Darüber hinaus sollten die Texte natürlich so ausgewählt werden, dass eine kriteriengeleitete Beurteilung ihrer Plausibilität möglich wird. Schwans Text (D1) erfüllt diese Voraussetzungen in besonderer Weise:

- Das Essay ist nicht zu umfangreich und zeichnet sich gattungstypisch durch eine klare und pointierte Argumentation aus, die den Nachvollzug nicht unnötig erschwert. Der Text ermöglicht dadurch eine kritische Auseinandersetzung sowie die Beurteilung der narrativen Plausibilität.
- Schwan nimmt Bezug auf historische Phänomene, die den Lernenden aus der ersten Reihensequenz oder aus einer früheren Unterrichtseinheit zum Nationalsozialismus bekannt sind. Dadurch wird die Argumentation nicht nur anschaulicher, sondern erleichtert auch die Überprüfung der empirischen und kontextuellen Plausibilität.
- Ferner setzt sie sich mit der Kategorie „Unrechtsstaat" auseinander. Hierfür bemüht sie in ihrer Argumentation Theorien und Kategorien, mit deren Hilfe sie die vergangene Wirklichkeit zu erklären und den Begriff „Unrechtsstaat" zu schärfen versucht. Zu nennen sind hier „Staat", „Diktatur" und „Totalitarismus" sowie die aus Ernst Fraenkels Theorie des Doppelstaats entliehenen Begriffe „Maßnahmenstaat" und „Doppelstaat". Hier bietet der Text also verschiedene Ansatzpunkte, um die theoretische Plausibilität zu überprüfen.
- Schließlich diskutiert Schwan gesellschaftliche Konsequenzen, die damit verbunden sein können, wenn die DDR als Unrechtsstaat beurteilt wird. Dies bietet die Chance, die Orientierungsfunktion bzw. die normative Plausibilität des Essays kritisch zu prüfen.

Differenzierung

Trotzdem bleibt der Text höchst komplex und sicherlich auch für Schüler*innen der Sekundarstufe II anspruchsvoll. Von zentraler Bedeutung sind daher Arbeitsaufträge, die die Lernenden bei der Materialanalyse und Urteilsbildung unterstützen. Wie ausführlich bzw. wie kleinschrittig die Arbeitsaufträge formuliert werden, hängt von den Fähigkeiten der Lerngruppe ab (vgl. Kap. 3.1). Zudem bieten sich Möglichkeiten der Differenzierung über den Rückgriff auf fachspezifische Lesestrategien (vgl. Handro/Kilimann 2019, 174–182; Mainzer-Murrenhoff/Mierwald 2018; Mehr/Werner 2012) sowie durch die Bereitstellung von Hilfsmitteln wie Methodenseiten oder dem Schulbuchglossar an (vgl. Adamski 2017, 61–63).

Arbeitsaufträge zu D1

Leitfrage: Wie begründet die Autorin ihre Position und sind die Ausführungen plausibel?

1. Analysieren Sie den Text.
2. Erläutern Sie den Text im Kontext.
3. Beurteilen Sie die Plausibilität der Darstellung.

Differenzierte Arbeitsaufträge

1. Analysieren Sie den Text, indem Sie die formalen Merkmale, den Aufbau sowie die zentrale Position von Gesine Schwan herausarbeiten. Um die Meinung der Autorin sowie ihre Argumentation besser erschließen zu können, arbeiten Sie folgende Aspekte heraus und halten Sie sie in einer Tabelle fest. Vergessen Sie nicht die Zeilenangaben zu notieren!
   - Schlussfolgerungen
   - Argumente, mit denen Schwan ihre Urteile stützt
   - Kategorien und Begriffe einschließlich ihrer Definitionen, die für ihre Argumentation und die Charakterisierung der DDR herangezogen werden
   - Verweise auf historische Phänomene
   - Verweise auf den gegenwärtigen Aufarbeitungsdiskurs
   - Lebensweltliche Konsequenzen und Orientierungsangebote
2. Erläutern Sie den Text, indem Sie ihn in den Kontext der Unrechtsstaat-Debatte sowie in den Diskurs um die Aufarbeitung der DDR-Geschichte einordnen. Beziehen Sie sich auf konkrete Textpassagen.

Zusatzinformationen für die Analyse und Kontextualisierung: Ein Text, der die Unrechtsstaat-Debatte in Grundzügen skizziert, ist zur Bearbeitung dieser Aufgabe bereitzustellen. Hierbei ist ein Rückgriff auf Schulbuchmaterial (z.B. Langendorf 2015, 360) oder auf das Material der Bundeszentrale für politische Bildung (BPB 2010) möglich.

3. Beurteilen Sie die Plausibilität der Darstellung. Ziehen Sie hierfür die Ihnen bekannten Kriterien heran. Beachten Sie für die Prüfung der unterschiedlichen Ebenen, auf denen der Text plausibel sein sollte, Ihre in Aufgabe 1 festgehaltenen Textstellen sowie Ihre Erkenntnisse aus Aufgabe 2.

Sicherung und Reflexion

Aufgabe 1 und 3 können arbeitsteilig in Kleingruppen bearbeitet werden, wenn im Anschluss eine gemeinsame Sicherung der Ergebnisse erfolgt. Auch ohne Arbeitsteilung ist nach der ersten Aufgabe eine Zwischensicherung sinnvoll, um das Textverständnis zu überprüfen.

Nachdem verschiedene Positionen erarbeitet und in der Ergebnispräsentation Gemeinsamkeiten und Unterschiede gesichert worden sind, erfolgt nun eine Gegenüberstellung mit den eingangs formulierten Hypothesen. Zu klären ist, inwiefern sich die Vermutungen der Schüler*innen bestätigt haben und welche Spontanurteile man nun überdenken sollte.

Stellungnahme zur Urteilsfrage

Diese Reflexion leitet über in den dritten Abschnitt der Sequenz. Die Lernenden sollen nun selbst Stellung zu der Leitfrage der Reihe beziehen und für sich die Frage beantworten, ob die DDR ein Unrechtsstaat war. Hierbei sollen sie sich einerseits auf das in der ersten Sequenz gewonnene Wissen über die DDR stützen. Andererseits sollen sie auch die Unrechtsstaat-Debatte in den Blick nehmen und sich selbst im Diskurs verorten. Hierfür bieten sich zwei Methoden an:

- Vorbereitung, Durchführung und Reflexion einer Podiumsdiskussion, die sich auch stärker formalisiert als Pro- und Kontra-Gespräch gestalten lässt (vgl. Wenzel 2015, 198 f.);
- Formulierung eines eigenen Essays als allgemeinen Beitrag zur Unrechtsstaat-Debatte. Als Variante bestünde die Möglichkeit, dass die Lernenden mit ihrem Essay explizit auf eine Position antworten, weil sie ihr beipflichten möchten oder weil sie der eigenen Meinung widerspricht. In beiden Fällen können Hilfestellung zum Verfassen entsprechender Texte nutzlich sein (vgl. Diehl 2017, Hartung 2015, 230; Mierwald/Brauch 2015, 116; Peters 2020). In jedem Fall sollte sich eine Präsentation und möglichst auch eine Überarbeitung der Texte auf formaler und/oder inhaltlicher Ebene sowie eine Reflexion der im Reiheneinstieg formulierten Spontanurteile erfolgen.

4.3 Ein ICE mit Namen „Anne Frank"? Eine geschichtskulturelle Kontroverse beurteilen

Das letzte Beispiel zeigt, wie die Thematisierung eines geschichtskulturellen Phänomens zur Förderung historischer Urteils- und Medienkompetenz beitragen kann. Der Unterrichtsvorschlag kann sowohl in der Sekundarstufe I als auch in der Oberstufe umgesetzt werden. In den Ausführungen sind daher verschiedene Zugriffe skizziert, aus denen mit Blick auf die Dispositionen der Lernenden (vgl. Kap. 3.1) gewählt werden kann. Ein Schwerpunkt liegt zudem auf dem analytischen und produktiven Umgang mit digitalen Medien.

Urteilsobjekt

Das Unterrichtsbeispiel thematisiert die öffentliche Kontroverse darüber, ob es angemessen ist, einen ICE nach Anne Frank zu benennen. Urteilsobjekt ist also eine (missglückte) geschichtskulturelle Ehrung. Damit rückt der außerwissenschaftliche Umgang mit Geschichte in den Fokus.

Bei der Deutschen Bahn ist es üblich, dass die ICEs u.a. die Namen bekannter deutscher Persönlichkeiten tragen. Die Benennung hat dabei eine ehrende Funktion. Im Herbst 2017 hatte der Konzern seine Kund*innen gebeten, hierfür Vorschläge einzureichen, die dann von einer Jury begutachtet wurden. Unter den so ausgewählten Namen, die die Bahn am 27. Oktober 2017 der Öffentlichkeit präsentierte, befand sich auch der Anne Franks (vgl. Deutsche Bahn 2017a). Die Nachricht verbreitete sich in den folgenden Tagen durch die Medien und wurde kontrovers diskutiert (vgl. Tagesschau Online 2017). Bereits am 31. Oktober sah sich die Bahn aufgrund des zentralen Vorwurfs, die Benennung eines Zuges nach Anne Frank sei mit Blick auf die Beteiligung der Reichbahn an der Deportation der jüdischen Bevölkerung während der NS-Zeit pietätlos, zu einer Stellungnahme genötigt (Deutsche Bahn 2017b). Anfang 2018 nahm die Deutsche Bahn schließlich Abstand von ihrem Vorhaben.

Medien

Die knappe Beschreibung des Urteilsobjekts führt bereits vor Augen, dass die Kontroverse in den Medien präsent war und v.a. auch im Internet ausgetragen wurde. In den Kommentarspalten und Twitter-Beiträgen spiegelt sich dabei nicht nur die Pluralität der Meinungen, sondern auch eine vorwiegend heuristisch-impulsive Form der Urteilsbildung. Möchte man die ICE-Debatte im Unterricht thematisieren, so ist es sinnvoll, die bereits zitierten Pressemitteilungen der Deutschen Bahn (D1a/b) heranzuziehen, um den Kontext der Kontroverse sowie die Intention des Konzerns zu erschließen.

D1a „Die ICE-4-Namen stehen fest" – Pressemitteilung der Bahn vom 27.10.2017

Zusammen mit unseren Medienpartnern Handelsblatt und Süddeutsche Zeitung hatten wir Mitte September Kunden und Leser zur Namenssuche für unser neues Flaggschiff, den ICE 4, aufgerufen. Als Namensgeber waren deutsche historische Persönlichkeiten aus den Bereichen Kultur, Politik, Wissenschaft, Wirtschaft und Sport gesucht.

Die Resonanz nach vier Wochen war überwältigend: über 19.400 Einreichungen mit über 2.500 verschiedenen Namensvorschlägen haben uns erreicht. Antje Neubauer, Leiterin Marketing & PR Deutsche Bahn, schwärmt: „Der ICE ist eine der bekanntesten Marken Deutschlands. In Verbindung mit dem Namen der historischen deutschen Persönlichkeit bekommt der ICE 4 bei der Ein- und Ausfahrt in den Bahnhof seinen individuellen Auftritt." [...]

Die Jury interner und externer Fachleute begutachtete und bewertete die vielen geeigneten großartigen Namen und Begründungen.

Jury-Mitglied Prof. Dr. Gisela Mettele: „Die historische und soziale Bandbreite der Namensvorschläge war beeindruckend. Da fiel die Auswahl für die Jury nicht leicht. So unterschiedlich die ausgewählten Persönlichkeiten auch sind, sie haben eins gemeinsam: Sie waren neugierig auf die Welt." [...]

Bei der Namensgebung wird der Name der historischen Persönlichkeit zusammen mit einem Konterfei der jeweiligen Person beidseitig an den Enden des Zuges angebracht. Folgende 25 Namen hat die Jury für die Namensgebungen 2018 und 2019 ausgewählt:

Konrad Adenauer
Geschwister Scholl
Marlene Dietrich
Hildegard Knef
Fritz Walter
Ludwig Erhard
Elisabeth von Thüringen
Erich Kästner
Anne Frank
Adolph Kolping
Dietrich Bonhoeffer
Marie Juchacz
Käthe Kollwitz
Hannah Arendt
Margarete Steiff
Willy Brandt
Heinrich Heine
Thomas Mann
Bertha Benz
Karl Marx
Hedwig Dohm
Vicco von Bülow
Ludwig van Beethoven
Albert Einstein
Alexander von Humboldt

[...] Natürlich hatte auch die Jury ihre Lieblingsnamen. Für die Erinnerung an Anne Frank plädierten viele, auch Jurymitglied Antje Neubauer, Leiterin Marketing & PR der Deutschen Bahn: „Sie steht für Toleranz und für ein friedliches Miteinander verschiedener Kulturen, in Zeiten wie diesen, wichtiger denn je." [...]

Deutsche Bahn: Die ICE-4-Namen stehen fest. Pressemitteilung vom 27.10.2017.

D1b Stellungnahme der Deutschen Bahn zur Kritik an der Namensauswahl „Anne Frank" für einen ICE 4 vom 30.10.2017

[...] Es ist in keiner Weise beabsichtigt, das Andenken Anne Franks zu beschädigen. Vielmehr hat die DB im Bewusstsein um ihre historische Verantwortung entschieden, die Erinnerung an Anne Frank wachzuhalten. Sollte die DB dabei Gefühle verletzt haben, dann tut es ihr sehr leid. Alle Jurymitglieder waren sich einig, Anne Frank als außergewöhnliche Persönlichkeit zu ehren. Die Vorschläge für die ICE-4-Namen kamen von DB-Kunden und engagierten Bürgern. Dabei war der Name Anne Frank unter den TopVorschlägen der insgesamt rund 19.400 Einreichungen. Selbstverständlich wird die DB die aktuell in der Öffentlichkeit geäußerten Bedenken ernst nehmen und in ihre folgenden internen Diskussionen aufgreifen. [...]

Deutsche Bahn: Stellungnahme zur Kritik an der Namensauswahl „Anne Frank" für einen ICE 4. Pressemitteilung vom 31.10.2017.

Die Reaktionen in der Öffentlichkeit sind in den Meldungen verschiedener Nachrichtenportale und Zeitungen dokumentiert. Exemplarisch kann hier der Beitrag vom Online-Portal der Tagesschau genannt werden, in dem nicht nur auf die Entscheidung der Bahn verwiesen wird, sondern auch jüdische Organisationen zu Wort kommen und Twitter-Beiträge dokumentiert sind (D2).

D2 „Würdevoll oder geschmacklos?" – Beitrag auf tagesschau.de vom 30.10.2017 mit integrierten Twitter-Kommentaren

[...] [D]ie Deutsche Bahn will ihre neue ICE4-Generation nun nicht mehr nach Städten und Regionen, sondern nach Menschen benennen, die Besonderes in ihrem Leben geleistet haben. Besonders heftig diskutiert wird über die Wahl Anne Franks.

> *(((RAF2attac™?????????))) @RAF2attac*
>
> *Ein Zug mit den Namen #AnneFrank (vielleicht der #ICE nach Warschau?) geht gar nicht! ????????https://t.co/lkiBN4pvMz*
>
> *30.10.2017 20:26 Uhr via Twitter*

Die Anne-Frank-Stiftung in Amsterdam äußerte Bedenken, einen deutschen ICE-Zug nach der von den Nazis ermordeten Anne Frank zu benennen. „Die Namensgebung führt zu Kontroversen, und das verstehen wir gut", heißt es in einer Erklärung der Stiftung. Die Verbindung von Anne Frank und einem Zug führe zu Assoziationen mit den Juden-Deportationen während des Zweiten Weltkriegs. [...]

Auch die Anne-Frank-Bildungsstätte in Frankfurt/M. äußerte sich skeptisch. „Wir sehen das sehr ambivalent", sagte Meron Mendel, der Direktor der Einrichtung. Sie als Namensgeberin zu verwenden, sei grundsätzlich positiv. Es dürfe aber nicht vergessen werden, dass Anne Frank wie Millionen andere europäische Juden in Zügen der Reichsbahn – einer Vorgängerin der Deutschen Bahn – deportiert worden sei.

Doch nicht alle äußern sich kritisch. Im Netz gibt es auch Stimmen, die Erinnerung grundsätzlich richtig finden.

Manu Verneuil @dandy_bo

@PBahners @MaulendeMirthe Warum nicht ? Alles was dienlich ist, diese Namen in Erinnerung in zu rufen und ihrer zu gedenken IST ABSOLUT RICHTIG #annefrank (finde ich)

30.10.2017 20:43 Uhr via Twitter

Nach Angaben der Bahn sind unter den angedachten Namen neben Anne Frank auch der frühere Bundeskanzler Konrad Adenauer, die NS-Widerstandskämpfer Geschwister Scholl, der Autor Erich Kästner oder der Theologe Dietrich Bonhoeffer. Ziel sei es, „diese Persönlichkeiten zu ehren und die Erinnerung an sie wachzuhalten", erklärte die Bahn. Der Name Anne Frank sei einer der am häufigsten eingereichten Vorschläge gewesen. Eine Jury, in der auch zwei Historikerinnen saßen, habe die Vorschläge intensiv geprüft. Die Bahn sei sich ihrer Verantwortung bewusst und setze sich kritisch mit der Geschichte ihrer Vorläuferorganisationen auseinander. [...]

Tagesschau Online: Würdevoll oder geschmacklos? ICE mit Namen „Anne Frank", vom 30.10.2017.

Ergänzend können auch die Stellungnahmen weiterer Institutionen und Akteure in den Blick genommen werden, um gezielt einzelne Perspektiven und den diskursiven Kontext der Debatte weiter zu erschließen. Ein Beispiel wäre etwa die Stellungnahme des Anne-Frank-Hauses bzw. des Anne Frank Zentrums (2017; D3).

D3 Stellungnahme des Anne-Frank-Hauses (Amsterdam) und des Anne Frank Zentrums (Berlin) zur Benennung des ICE 4 nach Anne Frank vom 30.10.2017

[...] [Die Benennung eines ICEs nach Anne Frank] wird kontrovers diskutiert, und das verstehen wir. Die Verbindung zwischen Anne Frank und einem Eisenbahnzug weckt Assoziationen mit der Verfolgung und Deportation der Juden in der NS-Zeit. Es ist eine schmerzliche Verbindung für die Menschen, die die Deportationen

> erlitten haben, und löst erneut Schmerzen bei all jenen aus, deren Leben bis heute von den Folgen der damaligen Zeit geprägt ist.
>
> Wir sind uns bewusst, dass Initiativen wie diese in den meisten Fällen auf guter Absicht beruhen. Der Name Anne Frank hat eine große Symbolkraft. Diese Symbolkraft zeigt sich in vielen Bereichen, sei es bei der Benennung von Straßen, Schulen und Parks, jedoch auch in Halloween-Kostümen oder antisemitischen Äußerungen im Fußball. Vermutlich wird dieses Phänomen in den kommenden Jahren noch häufiger und in weiteren Erscheinungsformen auftreten. Zunehmend wird die Bedeutung Anne Franks mit einem heutigen Anlass statt eines historischen Anlasses verknüpft werden. [...]

Anne Frank Zentrum: Statement zur Benennung des ICE 4, vom 30.10.2017

Welche Urteilsdimensionen steuern und systematisieren den Urteilsbildungsprozess? Urteilsdimensionen

- Im Zentrum der Kontroverse steht die Frage nach dem angemessenen Umgang der Deutschen Bahn mit ihrer NS-Vergangenheit. Entsprechend zielt die Thematisierung der ICE-Debatte auf historische Werturteilsbildung. Auf Basis individueller Norm- und Wertvorstellungen kann die Benennung als „würdevoll“ oder „geschmacklos“, um die Kategorien aus dem Tagesschau-Beitrag aufzugreifen, bewertet werden. Natürlich können zusammen mit den Lernenden unter Rückgriff auf ihr kategoriales Wissen auch andere Wertungskategorien wie „pietätvoll/pietätlos“ gewählt werden.
- Für die Erschließung des Sachverhalts sind die Kategorie „Ehrung“ und das Kategorienpaar „geglückt/missglückt“ notwendig. Nur so lässt sich das Anliegen der Bahn als missglückter Versuch einer Ehrung Anne Franks bzw. ihres Andenkens deuten. „Ursache/Wirkung“ besitzen in diesem Zusammenhang ebenfalls Bedeutung.
- Bei der Formulierung und Diskussion von Schülerurteilen bedarf es des Rückgriffs auf die Kategorie „Plausibilität“.

Zentrale Ziele der Unterrichtssequenz bestehen darin, die Lernenden für gesellschaftliche Deutungsmuster und Orientierungsbedürfnisse zu sensibilisieren und die Einsicht zu fördern, dass der Diskurs über historische Phänomene von Pluralität gekennzeichnet ist und einzelne Positionen – v.a. in Ziele

Foren oder Tweets – als Ergebnis einer heuristisch-impulsiven Urteilsbildung verstanden werden können. In diesem Zusammenhang bietet eine Thematisierung der ICE-Debatte das Potential, bei den Lernenden Fähigkeiten und Fertigkeiten zur Analyse und Interpretation geschichtskultureller Diskurse sowie zur Bildung und Kommunikation systematisch-reflektierter Urteile zu fördern. Dabei wird nicht nur das Wissen über die hierbei relevanten Urteilskategorien, sondern auch das fachspezifische Gattungswissen erweitert und ausdifferenziert.

Wie müssen der Unterricht bzw. die Urteilsbildung als Erkenntnisprozess methodisch angelegt sein, um diese Potentiale auszuschöpfen?

Einstieg

Im Einstieg werden die Lernenden informiert, dass die Deutsche Bahn einen ICE nach Anne Frank benennen wollte. Alternativ kann die Lerngruppe auch mit der Schlagzeile „ICE mit Namens ‚Anne Frank' – Würdevoll oder geschmacklos?" (D2) konfrontiert werden, um bereits Urteilskategorien vorzugeben. Ausgelöst durch diesen Impuls formulieren die Schüler*innen Spontanurteile in Form wertender Stellungnahmen. Voraussetzung hierfür ist, dass die Lernenden Wissen über den Holocaust und die Person Anne Frank besitzen. Die Spontanurteile werden im Unterrichtsgespräch in die kategoriale Leitfrage überführt.

In der anschließenden Gelenkstelle ist zu klären, wie die Urteilsfrage bearbeitet werden könnte. Den Lernenden sollte bewusst werden, dass es angebracht ist, zunächst den Sachverhalt kennen zu lernen, um dann darauf aufbauend ein fundiertes Urteil fällen zu können. Die Überlegungen, dass die Deutsche Bahn keine schlechten Absichten verfolgt hat oder dass es sich vielleicht um den missglückten Versuch einer Ehrung handelt, könnten als hypothesenartige Vor-Urteile formuliert werden.

Erarbeitungsphase

Es folgt die Erarbeitungsphase, in welcher der Sachverhalt materialbasiert erschlossen wird. Zuvor sollte sich die Lerngruppe darüber verständigen, welches Material herangezogen werden soll. Mit etwas Nachdenken können die Schüler*innen darauf kommen, dass es sinnvoll ist, die Perspektive der Bahn sowie den Kontext der Zugbenennung über offizielle Mitteilungen des Konzerns zu erschließen, während Zeitungs- und Nachrichtenbeiträge helfen, die öffentlichen Reaktionen zu erfassen. Sollte die Schlagzeile von tagesschau.de im Einstieg verwendet worden sein, werden die Lernenden sicherlich darauf verweisen.

Für das weitere Vorgehen sind zwei Varianten denkbar:

- Die Lernenden recherchieren selbstständig im Internet nach entsprechenden Materialien. In Abhängigkeit von den hierfür nötigen Fähigkeiten und Fertigkeiten kann die Internetrecherche offen oder stärker durch die Lehrkraft vorstrukturiert werden.
- Das Material wird über Arbeitsblätter bereitgestellt. Dadurch vergibt man zwar die Chance, Recherchekompetenzen zu fördern, die Ergebnisse können aber besser antizipiert werden. Diese Variante könnte auch dann besonders sinnvoll sein, wenn das Phänomen nicht mehr tagesaktuell ist, da entsprechende Meldungen und Kommentare häufig schnell von den Internetseiten verschwinden und sich dann nur noch über die Wayback Machine von archive.org wiederfinden lassen, was von den Lernenden fortgeschrittene Recherchefähigkeiten verlangt.

Die Analyse der Pressemitteilungen der Bahn (D1a/b) ermöglicht es den Lernenden, die Intention, die mit der Zugbenennung verbunden war, sowie das Benennungsverfahren als solches und damit den Kontext, aus dem die Kontroverse erwachsen ist, kennenzulernen. Die Stellungnahme des Anne-Frank-Hauses (D3) ermöglicht eine weitere Einordnung der Debatte im Kontext der deutschen Erinnerungskultur. Zudem können die Äußerungen exemplarisch für eine jüdische Perspektive in der Kontroverse interpretiert und einen Ansatzpunkt für die Bestätigung der aufgestellten Hypothese bieten. Ähnliches leistet der Tagesschau-Beitrag (D2), der zudem weitere Positionen präsentiert und einen Überblick über die Debatte bietet.

Differenzierung

Die Lernenden erschließen sich die Materialien in Gruppenarbeit. In Abhängigkeit von den Lernvoraussetzungen der Lerngruppe sind verschiedene Formen der Differenzierung möglich. Wie in den anderen beiden Unterrichtsbeispielen bereits skizziert, so können auch hier Lesestrategien und

Formen der Aufgabendifferenzierung hilfreich sein. Denkbar ist aber innerhalb der Gruppen auch eine Differenzierung nach Materialien (vgl. Adamski 2017, 78–88). Die folgenden Arbeitsaufträge können entsprechend angepasst werden.

Arbeitsaufträge

Leitfrage: ICE mit Namen ‚Anne Frank' – Würdevoll oder geschmacklos?

1. Analysiere das Material. Gehe hierfür folgendermaßen vor:
   a) Nenne die formalen Merkmale.
   b) Fasse die Inhalte kurz zusammen und arbeite die Positionen heraus, die in der Diskussion vertreten wurden.
2. Erkläre, warum es zum Streit um die Benennung des ICEs kommen konnte.
3. Diskutiere, ob es sich bei der Aktion der Bahn um eine „missglückte Ehrung" Anne Franks handelt.
   Alternativ könnte auch beurteilt werden, ob es sich um eine Handlung aus Unkenntnis ohne böse Absicht, eine Form der Geschichtsvergessenheit o. Ä. gehandelt hat. Die Konkretisierung der Aufgabe sollte mit Blick auf die Schüleräußerungen in der Einstiegsphase erfolgen.
4. Ist es „würdevoll" oder „geschmacklos", einen ICE nach Anne Frank zu benennen? Nimm Stellung! Sammle Argumente, die für die eine oder die andere Wertung sprechen. Wenn Du Stellung nimmst, mache deutlich, was für Dich „würdevoll" und „geschmacklos" bedeutet und berücksichtige bei der Begründung Deines Urteils die Erkenntnisse aus den vorangegangenen Aufgaben.

In der Zusammenschau ermöglichen es die Materialien, verschiedene Positionen zu erarbeiten und den Vorschlag der Bahn in der Tat als missglückten Versuch einer Ehrung Anne Franks zu deuten. Dieses Urteil kann nach der Präsentation der Ergebnisse gemeinsam im Plenum formuliert werden, bevor man sich nun der Bearbeitung der übergeordneten Urteilsfrage danach zuwenden kann, wie die Benennung und die Kontroverse abschließend zu bewerten sind.

Präsentation und Diskussion der Ergebnisse

Welche Formen der Kommunikation und Diskussion der gebildeten Schülerurteile erscheinen sinnvoll?

- Die erste Variante besteht darin, eine offene Diskussion in Form eines Unterrichtsgesprächs zu ermöglichen. Diese zeitsparende, aber nicht unbedingt alle Lernenden aktivierende Methode kann erweitert werden, indem man stattdessen eine Podiumsdiskussion durchführt, in der unterschiedliche Rollen zu besetzen sind. Mit Blick auf die Materialien könnten einzelne Schüler*innen die Perspektive der Bahn, jüdischer Organisationen, von Historiker*innen oder ‚normaler' Bürger*innen einnehmen.

- Eine zweite Variante bestünde darin, dass die Lernenden zur Urteilsfrage Stellung nehmen, indem sie auf einen konkreten Nachrichtenbeitrag, Foreneintrag oder Tweet antworten. Ob dies nur simuliert oder der Schülerbeitrag online geposted wird, bleibt abzuwägen. In jedem Fall bestünde die Chance, den produktiven Umgang mit entsprechenden geschichtskulturellen Gattungen zu fördern.
- Ähnliches Potential bietet auch eine Variante, in der Twitter-Meldungen im Zentrum stehen (vgl. Burkhardt 2019). Die Lernenden versuchen dabei, mit maximal 280 Zeichen, die für Tweets zur Verfügung stehen, Stellung zur Urteilsfrage zu beziehen. Mit weiteren 280 Zeichen können Antworten und Rückfragen formuliert werden. So kann sich eine Diskussion entwickeln, die für die Schwierigkeiten sensibilisiert, via Twitter plausible Urteile zu kommunizieren und in den Austausch zu treten. Gleichzeitig kann der Versuch aber auch ein Bewusstsein dafür schaffen, dass digitale Medien durch Verlinkungen und Multimedialität ganz eigene Chancen bieten, v.a. empirische und kontextuelle Plausibilität herzustellen. Die Kürze der Texte erlaubt es zudem, die Plausibilität der kommunizierten Urteile zügig zu überprüfen und das Formulieren ebenso pointierter wie kritischer Rückfragen zu üben.

Reflexionsphase

Wichtig ist, dass sich die Schüler*innen an den Plausibilitätskriterien orientieren sowie auf ihre Erkenntnisse aus der Sachverhaltsanalyse zurückgreifen. Ob dies gelungen ist, wird in einer Reflexionsphase, auf die ggf. eine Überarbeitung der Urteile erfolgen kann, diskutiert. Gleichzeitig sollte in der Reflexion auch grundsätzlich über Formen und Mechanismen historischer Urteilsbildung in der Öffentlichkeit und speziell im Internet reflektiert werden. Dies ist wichtig, um die Lernenden schrittweise für die Unterschiede zwischen einer heuristisch-impulsiven und einer systematisch-reflektierten Urteilsbildung zu sensibilisieren.

5. Resümee und Ausblick

Potentiale und Herausforderungen

Die Planung von Sequenzen und Reihen, die den Fokus auf die Förderung historischer Urteilskompetenz legen, ist ein komplexes Unterfangen; die vorgestellten Unterrichtsbeispiele führen dies vor Augen. Die Beispiele zeigen aber auch, dass sich entsprechende Unterrichtseinheiten unter Rückgriff auf das in Kapitel 3 vorgestellte Modell der Urteilsbildung systematisch planen und reflektieren lassen. Dass das Modell dabei mit Blick auf die konkreten Lernziele und die Lernvoraussetzungen durchaus flexibel gehandhabt werden muss, ist ebenfalls deutlich geworden. Bei der Urteilsbildung sind einzelne Schritte weiter auszudifferenzieren oder mehrfach zu gehen. Das gilt besonders für die Anbahnung von historischer Urteilskompetenz in der Sekundarstufe I. Dass man stringent in drei Schritten von der Erschließung eines Materials zur Formulierung differenzierter historischer Urteile vorstößt, ist eher die Ausnahme und wird eigentlich nur in Oberstufenklausuren verlangt. Urteilsbildung ist ein komplexes Unterfangen, das Zeit benötigt und für das man sich Zeit nehmen sollte.

Bedeutung von Urteilsbildung und Urteilskompetenz

Die Unterrichtsbeispiele verdeutlichen aber auch noch einmal die Bedeutung, die der Urteilsbildung für die Lernenden besitzt. Der Geschichtsunterricht kann zur Reflexion eigener Denkmuster, Einstellungen und Werthaltungen beitragen, indem er z.B. Geschlechterrollen als historisch und kulturell bedingte Konstrukte reflektiert (vgl. Kap. 4.1) und den angemessenen Umgang mit der jüngsten deutschen Vergangenheit diskutiert (vgl. Kap. 4.2 u. 4.3). Urteilsbildung kann so einen Beitrag zur Orientierung und Identitätsbildung leisten. Das letzte Beispiel verdeutlicht zudem, dass die Fähigkeit, sich systematisch und reflektiert mit Phänomenen auseinanderzusetzen, gerade im digitalen Zeitalter an Bedeutung gewinnt. Man könnte dies noch deutlicher am Diskurs über sog. Fake News und alternative Fakten (vgl. Barsch/Lutter/Meyer-Heidemann 2019) vor Augen führen. Die aktuelle Debatte über (digitale) Medienkompetenz ist daher immer auch eine Debatte über Urteilskompetenz. Nicht zuletzt deshalb scheint die gesellschaftliche Relevanz historischer Urteilsbildung im Geschichtsunterricht unbestritten. Urteilsbildung ist und bleibt ein geschichtsdidaktisches Kernanliegen und das Herzstück des Faches Geschichte.

Literatur

Adamski, Peter: Binnendifferenzierung im Geschichtsunterricht. Aufgaben, Materialien, Lernwege. Seelze 2017

Adamski, Peter: Historisches Lernen diagnostizieren. Lernvoraussetzungen – Lernprozesse – Lernleistungen. Schwalbach/Ts. 2014

Alavi, Bettina: Begriffslernen. In: Mayer, Ulrich u.a. (Hg.): Wörterbuch Geschichtsdidaktik. 2. Aufl. Schwalbach/Ts. 2009, S. 32–33

Alavi, Bettina: Geschichtsunterricht in der multiethnischen Gesellschaft. Eine fachdidaktische Studie zur Modifikation des Geschichtsunterrichts aufgrund migrationsbedingter Veränderungen. Frankfurt/M. 1998

Anne Frank Zentrum: Statement zur Benennung des ICE 4, vom 30.10.2017 (Online unter https://www.annefrank.de/aktuelles/meldung/statement-zur-benennung-des-ice-4/; zuletzt abgerufen am 20.6.2020)

Barricelli, Michele/Gautschi, Peter/Körber, Andreas: Historische Kompetenzen und Kompetenzmodelle. In: Barricelli, Michele/Lücke, Martin (Hg.): Handbuch Praxis des Geschichtsunterrichts, Bd. 1. Schwalbach/Ts. 2012, S. 207–235

Barsch, Sebastian/Lutter, Andreas/Meyer-Heidemann, Christian (Hg.): Fake und Filter. Historisches und politisches Lernen in Zeiten der Digitalität. Frankfurt/M. 2019

Becker, Axel: Historische Urteilsbildung. In: Barricelli, Michele/Lücke, Martin (Hg.): Handbuch Praxis des Geschichtsunterrichts. Bd. 1. Schwalbach/Ts. 2012, S. 316–325

Becker, Axel: Urteilsbildung im Geschichtsunterricht aus erzähltheoretischer Sicht. In: Handro, Saskia/Schönemann, Bernd (Hg.): Geschichte und Sprache. Berlin 2010, S. 131–138

Beilner, Helmut: Empirische Zugänge zur Arbeit mit Textquellen in der Sekundarstufe I. In: Schönemann, Bernd/Voit, Hartmut (Hg.): Von der Einschulung bis zum Abitur. Prinzipien und Praxis historischen Lernens in den Schulstufen. Idstein 2002, S. 84–96

Bergmann, Klaus: Die anderen. In: Geschichte lernen 3 (1988), S. 5–11

Bergmann, Klaus: Gegenwarts- und Zukunftsbezug. In: Mayer, Ulrich/Pandel, Hans-Jürgen/Schneider, Gerhard (Hg.): Handbuch Methoden im Geschichtsunterricht. 2. Aufl. Schwalbach/Ts. 2007, S. 91–112

Bergmann, Klaus: Multiperspektivität. In: Bergmann, Klaus u.a. (Hg.): Handbuch der Geschichtsdidaktik. 5. Aufl. Seelze 1997, S. 301–303

Bergmann, Klaus: Multiperspektivität. Geschichte selber denken. 2. Aufl. Schwalbach/Ts. 2008

Bernhardt, Markus: „Vom ersten auf den zweiten Blick. Eine empirische Untersuchung zur Bildwahrnehmung von Lernenden". In: Geschichte in Wissenschaft und Unterricht 58 (2007), S. 417–433

Bernhardt, Markus/Conrad, Franziska: Sprachsensibler Geschichtsunterricht. Sprachliche Bildung als Aufgabe des Faches Geschichte. In: Geschichte lernen 182 (2018), S. 2–9

Betsch, Tilmann/Funke, Joachim/Plessner, Henning: Denken. Urteilen, Entscheiden, Problemlösen. Heidelberg 2011

Birthler, Marianne: Liebe Ossiversteher! Die DDR keinen Unrechtsstaat nennen zu dürfen beleidigt den wachen Verstand. Eine Entgegnung auf Gesine Schwan. In: DIE ZEIT, Nr. 28 v. 2. Juli 2009

Bittner, Vera u.a.: Geschichte und Geschehen A1. Geschichtsliches Unterrichtswerk für die Sekundarstufe I. 2. Aufl. Leipzig 2005

Bless, Herbert/Keller, Johannes: Urteilsheuristiken. In: Bierhoff, Hans-Werner/Frey, Dieter (Hg.): Handbuch der Sozialpsychologie und Kommunikationspsychologie. Göttingen u.a. 2006, S. 294–300

Boxtel, Carla van/Drie, Jannet van: Historical Reasoning: Conceptualizations and Educational Applications. In: Metzger, Scott Alan/McArthur Harris, Lauren (Hg.): The Wiley International Handbook of History Teaching and Learning. New York 2018, S. 149–176

Bracke, Sebastian: „Ich find das ein bisschen seltsam" – Werturteile im Unterrichtsgespräch am Beispiel der Erziehung in Sparta. In: Danker, Uwe (Hg.): Geschichtsunterricht – Geschichtsschulbücher – Geschichtskultur. Aktuelle geschichtsdidaktische Forschungen des wissenschaftlichen Nachwuchses. Göttingen 2017, S. 43–64

Bundeszentrale für Politische Bildung: Die DDR – ein Unrechtsstaat? (Online unter https://www.bpb.de/system/files/pdf/X9WN7C.pdf; zuletzt abgerufen am 20.6.2020)

Burkhardt, Hannes: Social Media im Geschichtsunterricht. Gegenwarts- und lebensweltnahe kontroverse Geschichtsdeutungen auf Twitter, Instagram und Facebook. In: Barsch, Sebastian u.a. (Hg.): Fake und Filter. Historisches und politisches Lernen in Zeiten der Digitalität. Frankfurt/M. 2019, S. 191–216

Conrad, Franziska: Perspektivübernahme, Sachurteil und Werturteil. Drei zentrale Kompetenzen im Umgang mit Geschichte. In: Geschichte lernen 139 (2011a), S. 2–11

Conrad, Franziska: Sachurteilskompetenz. Methodische Anregungen. In: Geschichte lernen 139 (2011b), S. 18–19

Conrad, Franziska: Werturteilskompetenz. Methodische Anregungen. In: Geschichte lernen 139 (2011c), S. 20–22

Demantowsky, Marko: Unterrichtsmethodische Strukturierungskonzepte. In: Günther-Arndt, Hilke/Handro, Saskia (Hg.): Geschichts-Methodik. Handbuch für die Sekundarstufe I und II. 5. Aufl. Berlin 2015, S. 61–74

Detjen, Joachim: Politikkompetenz Urteilsfähigkeit. Schwalbach/Ts. 2013

Detjen, Joachim: Verfassungswerte. Welche Werte bestimmen das Grundgesetz? Bonn 2009

Deutsche Bahn: Die ICE-4-Namen stehen fest, vom 27.10.2017 (Online unter https://web.archive.org/web/20171028064654/https://inside.bahn.de/ice4-zugtaufe; abgerufen am 20.6.2020)

Deutsche Bahn: Stellungnahme zur Kritik an der Namensauswahl „Anne Frank“ für einen ICE 4, vom 31.10.2017 (Online unter https://www.deutschebahn.com/de/presse/pressestart_zentrales_uebersicht/Nameswahl_ICE4-1201590; abgerufen am 20.6.2020)

Deutscher Bundestag – Wissenschaftliche Dienste: Rechtsstaat und Unrechtsstaat. Begriffsdefinition, Begriffsgenese, aktuelle politische Debatten und Umfragen (=Aktenzeichen WD 1 – 3000 – 022/18). Berlin 2018

Diehl, Thomas: „Wir schreiben Geschichte“. Essays in der Oberstufe. In: Geschichte lernen 176 (2017), S. 54–59

Dzubiel, Christine/Giesing, Benedikt: Urteile von Urteilenden beurteilen. Die historische Urteilskompetenz als Kernanliegen in Schule und Lehrerausbildung. In: Geschichte in Wissenschaft und Unterricht 65 (2014), S. 701–717

Fauth, Lisa/Kahlcke, Inga: Perspektiven oder Kategorien? Die Unterscheidung von Sach- und Werturteilen in der Forschung, in Unterrichtsmaterialien und bei Geschichtslehrkräften. In: Geschichte in Wissenschaft und Unterricht 71 (2020), H. 1/2, S. 35–47

Frech, Siegfried/Richter, Dagmar (Hg.): Der Beutelsbacher Konsens. Bedeutung, Wirkung, Kontroversen. Schwalbach/Ts. 2017

Gautschi, Peter/Bernhardt, Markus/Mayer, Ulrich: Guter Geschichtsunterricht – Prinzipien. In: Barricelli, Michele/Lücke, Martin (Hg.): Handbuch Praxis des Geschichtsunterrichts, Bd. 1. Schwalbach/Ts. 2012, S. 326–348

Gosmann, Winfried: Überlegungen zum Problem der Urteilsbildung im Geschichtsunterricht. In: Bergmann, Klaus/Rüsen, Jörn (Hg.): Geschichtsdidaktik. Theorie für die Praxis. Düsseldorf 1978, S. 67–85

Großbölting, Thomas: Die DDR im vereinigten Deutschland, 21.6.2010 (Online unter https://www.bpb.de/geschichte/zeitgeschichte/geschichte-und-erinnerung/39840/erinnerung-an-die-ddr; zuletzt abgerufen am 20.6.2020)

Günther-Arndt, Hilke: Conceptual Change-Forschung. Eine Aufgabe für die Geschichtsdidaktik? In: Günther-Arndt, Hilke/Sauer, Michael (Hg.): Geschichtsdidaktik empirisch. Untersuchungen zum historischen Denken und Lernen. Berlin 2006, S. 251–277

Günther-Arndt, Hilke: Hinwendung zur Sprache in der Geschichtsdidaktik. Alte Fragen und neue Antworten. In: Handro, Saskia/Schönemann, Bernd (Hg.): Geschichte und Sprache. Berlin 2010, S. 17–46

Günther-Arndt, Hilke: Historisches Lernen und Wissenserwerb. In: Günther-Arndt, Hilke/Zülsdorf-Kersting, Meik (Hg.): Geschichts-Didaktik. Praxishandbuch für die Sekundarstufe I und II. 6. Aufl. Berlin 2014, S. 24–49

Habermaier, Volker: Metöken, Sklaven, Frauen. Athener minderen Rechts. In: Geschichte lernen 75 (2000), S. 45–49

Hagemann, Ulrich: Das Modell historisch-politischer Urteilsbildung – eine legitime Grenzüberschreitung? In: Geschichte in Wissenschaft und Unterricht 71 (2020), H. 1/2, S. 19–34

Handro, Saskia: Historische Erkenntnisverfahren. In: Günter-Arndt, Hilke/dies. (Hg.): Geschichts-Methodik. Handbuch für die Sekundarstufe I und II. 5. Aufl. Berlin 2015, S. 24–43

Handro, Saskia: Sprachbildung im Geschichtsunterricht. Leerformel oder Lernchance? In: Grannemann, Katharina/Oleschko, Sven/Kuchler, Christian (Hg.): Sprachbildung im Geschichtsunterricht. Zur Bedeutung der kognitiven Funktion von Sprache. Münster/New York 2018, S. 13–41

Handro, Saskia/Kilimann, Vanessa: Textverstehen im Geschichtsunterricht. Ein Projekt zur Professionalisierung historischer Leseförderung (ProLeGu). In: Bönninghausen, Marion (Hg.): Praxisprojekte in Kooperationsschulen. Fachdidaktische Modellierung von Lehrkonzepten zur Förderung strategiebasierten Textverstehens in den Fächern Deutsch, Geographie, Geschichte und Mathematik. Münster 2019, S. 165–222

Handro, Saskia/Schaarschmidt, Thomas (Hg.): Aufarbeitung der Aufarbeitung. Die DDR im geschichtskulturellen Diskurs. Schwalbach/Ts. 2011

Hartung, Olaf: Schreiben. In: Günther-Arndt, Hilke/Handro, Saskia (Hg.): Geschichts-Methodik. Handbuch für die Sekundarstufe I und II. 5. Aufl. Berlin 2015, S. 221–232

Hasberg, Wolfgang/Körber, Andreas: Geschichtsbewusstsein dynamisch. In: Körber, Andreas (Hg.): Geschichte – Leben – Lernen. Bodo von Borries zum 60. Geburtstag. Schwalbach/Ts. 2003, S. 177–200

Hasenberg, Tobias: Drei Arten von Wegen für Level 3. Überlegungen zur Gestaltung von Aufgabensets für den Anforderungsbereich III im Fach Geschichte. In: Geschichte für heute 13 (2020), H.2, S. 7–20

Henke-Bockschatz, Gerhard: Viel benutzt, aber auch verstanden? Arbeit mit dem Schulgeschichtsbuch. In: Geschichte lernen 116 (2007), S. 40–45

Heuer, Christian: Zur Aufgabenkultur im Geschichtsunterricht. In: Keller, Stefan/Bender, Ute (Hg.): Aufgabenkulturen. Fachliche Lernprozesse herausfordern, begleiten, reflektieren. Seelze 2012, S. 100–112

Hildebrandt, Frank: Antike Bilderwelten. Was griechische Vasen erzählen. Darmstadt 2017

Hodel, Jan u.a.: Schülernarrationen als Ausdruck historischer Kompetenz. In: Zeitschrift für Didaktik der Gesellschaftswissenschaften 2/2013, S. 121–145

Hoffmann, Frank: Überlegungen zur Planung von Geschichtsunterricht mit dem Ziel der Förderung historischer Urteilskompetenz. Hagen 2012 (Online unter https://www.schulentwicklung.nrw.de/materialdatenbank/material/download/4014; zuletzt abgerufen am 20.6.2020)

Jeismann, Karl-Ernst: „Geschichtsbewußtsein". Überlegungen zu einer zentralen Kategorie eines neuen Ansatzes der Geschichtsdidaktik. In: Süssmuth, Hans (Hg.): Geschichtsdidaktische Positionen. Bestandsaufnahme und Neuorientierung. Paderborn 1980, S. 179–222

Jeismann, Karl-Ernst: „Geschichtsbewußtsein" als zentrale Kategorie der Didaktik des Geschichtsunterrichts. In: ders.: Geschichte und Bildung. Beiträge zur Geschichtsdidaktik und zur Historischen Bildungsforschung. Hg. und eingel. v. Wolfgang Jacobmeyer und Bernd Schönemann. Paderborn u.a. 2000, S. 46–72

Jeismann, Karl-Ernst: Didaktik der Geschichte: Das spezifische Bedingungsfeld des Geschichtsunterrichts. In: Behrmann, Günter C./ders./Süssmuth, Hans (Hg.): Geschichte und Politik. Didaktische Grundlegung eines kooperativen Unterrichts. Paderborn 1978a, S. 58–76

Jeismann, Karl-Ernst: Grundfragen des Geschichtsunterrichts. In: Behrmann, Günter C./ders./Süssmuth, Hans (Hg.): Geschichte und Politik. Didaktische Grundlegung eines kooperativen Unterrichts. Paderborn 1978b, S. 76–104

Jeismann, Karl-Ernst u.a.: Funktion und Didaktik der Geschichte. Begründung und Beispiel eines Lehrplans für den Geschichtsunterricht. In: Rohlfes, Joachim/ders. (Hg.): Geschichtsunterricht. Inhalte und Ziele. Arbeitsergebnisse zweier Kommissionen. Stuttgart 1974, S. 106–193

John, Anke: Historische Urteilsbildung. In: Dickel, Mirka u.a. (Hg.): Urteilspraxis und Wertmaßstäbe im Unterricht. Ethik, Englisch, Geographie, Geschichte, politische Bildung, Religion. Frankfurt/M. 2020, S. 100–124

Kaestner, Max-Simon/Wehen, Britta: Historische Urteilsbildung (sprachlich) fördern. Eine Unterrichtseinheit zur Aneignung sprachlicher Werkzeuge für das Schreiben von Sachurteilen. In: Geschichte in Wissenschaft und Unterricht 71 (2020), H. 1/2, S. 64–81

Kayser, Jörg/Hagemann, Ulrich: Urteilsbildung im Geschichts- und Politikunterricht. 2. Aufl. Baltmannsweiler 2010

Klafki, Wolfgang: Neue Studien zur Bildungstheorie und Didaktik. München 1985

Kocka, Jürgen: Angemessenheitskriterien historischer Argumente. In: Koselleck, Reinhart u.a. (Hg.): Objektivität und Parteilichkeit in der Geschichtswissenschaft. München 1977, S. 469–475

Kocka, Jürgen: Zurück zur Erzählung? Plädoyer für historische Argumentation. In: Kocka, Jürgen: Geschichte und Aufklärung. Göttingen 1989, S. 8–20

Köster, Manuel: Historisches Textverstehen. Rezeption und Identifikation in der multiethnischen Gesellschaft. Berlin 2013

Köster, Manuel/Bernhardt, Markus/Thünemann, Holger: Aufgaben im Geschichtsunterricht. Typen, Gütekriterien und Konstruktionsprinzipien. In: Geschichte lernen 174 (2016), S. 2–11

Kühberger, Christoph: Konzeptionelles Wissen als besondere Grundlage des historischen Lernens. In: Ders. (Hg.): Historisches Wissen. Geschichtsdidaktische Erkundungen zu Art, Tiefe und Umgang für das historische Lernen. Schwalbach/Ts. 2012, S. 33–74

Kühberger, Christoph: Leistungsfeststellung im Geschichtsunterricht. Diagnose – Bewertung – Beurteilung. Schwalbach/Ts. 2014

Kühberger, Christoph: Subjektorientierte Geschichtsdidaktik. Eine Annäherung zwischen Theorie, Empirie und Pragmatik. In: Ammerer, Heinrich/Hellmuth, Thomas/Ders. (Hg.): Subjektorientierte Geschichtsdidaktik. Schwalbach/Ts. 2015, S. 13–47

Kultusministerkonferenz (Hg.): Demokratie als Ziel, Gegenstand und Praxis historisch-politischer Bildung und Erziehung in der Schule. Beschluss der Kultusministerkonferenz vom 6.3.2009 i.d.F. vom 11.10.2018. Berlin/Bonn 2018

Kultusministerkonferenz (Hg.): Einheitliche Prüfungsanforderungen in der Abiturprüfung Geschichte. Beschluss der Kultusministerkonferenz vom 1.12.1989 i.d.F. vom 10.2.2005. Berlin/Bonn 2005

Kultusministerkonferenz (Hg.): Erinnern für die Zukunft. Empfehlungen zur Erinnerungskultur als Gegenstand historisch-politischer Bildung in der Schule. Beschluss der KMK vom 11.12.2014. Berlin/Bonn 2014

Langendorf, Elke (Hg.): Buchners Geschichte Oberstufe. Ausgabe Nordrhein-Westfalen, Qualifikationsphase. Bamberg 2015

Langer-Plän, Martina: Problem Quellenarbeit. Werkstattbericht aus einem empirischen Projekt. In: Geschichte in Wissenschaft und Unterricht 54 (2003) H.5/6, S. 319–336

Langer-Plän, Martina/Beilner, Helmut: Zum Problem historischer Begriffsbildung. In: Günther-Arndt, Hilke/Sauer, Michael (Hg.): Geschichtsdidaktik empirisch. Untersuchungen zum historischen Denken und Lernen. Berlin/Münster 2006, S. 215–224

Lücke, Martin: Multiperspektivität, Kontroversität, Pluralität. In: Barricelli, Michele/Lücke, Martin: Handbuch Praxis des Geschichtsunterrichts, Bd. 1. Schwalbach/Ts. 2012, S. 281–288

Lützelberger, Anne: Urteilsbildungsmodelle für den Geschichts- und Politikunterricht – eine Dokumentation fachdidaktischer Diskussionen. In: Lützelberger, Anne/Mohr, Deborah (Hg.): Politisch-historische Urteilskompetenz in Theorie und Praxis – Beiträge zu einer aktuellen fachdidaktischen Diskussion. Baltmannsweiler 2011, S. 34–66

Mainzer-Murrenhoff, Mirka/Mierwald, Marcel: Wenn Historikerinnen und Historiker argumentieren ... Historisches Lesen von geschichtswissenschaftlichen Darstellungstexten in der gymnasialen Oberstufe. In: Geschichte lernen 182 (2018), S. 46–55

Massing, Peter/Weißeno, Georg (Hg.): Politische Urteilsbildung. Zentrale Aufgabe für den Politikunterricht. Schwalbach/Ts. 1997

May, Michael: Die unscharfen Grenzen des Kontroversitätsgebots und des Überwältigungsverbots. In: Widmaier, Benedikt/Zorn, Peter (Hg.): Brauchen wir den Beutelsbacher Konsens? Eine Debatte der politischen Bildung. Bonn 2016, S. 233–241

Mayer, Ulrich/Pandel, Hans-Jürgen: Kategorien der Geschichtsdidaktik. In: Bergmann, Klaus u.a. (Hg.): Handbuch der Geschichtsdidaktik, Bd. 1. Düsseldorf 1979, S. 180–184

Mehr, Christian/Werner, Kerstin: Geschichtstexte verstehen. Sinnerschließendes Lesen als historisches Lernen. In: Geschichte lernen 148 (2012), S. 2–11

Mierwald, Marcel/Brauch, Nicola: Historisches Argumentieren als Ausdruck historischen Denkens. Theoretische Fundierung und empirische Annäherungen. In: Zeitschrift für Geschichtsdidaktik 14 (2015), S. 104–120

Nitsche, Martin/Bräuer, Benjamin/Scheller, Jan: Historisches Argumentieren mittels Schreibaufgaben zum europäischen Kolonialismus in Amerika fördern. In: Geschichte für heute 13 (2020), H.2, S. 21–48

Oswald, Vadim: Planung von Unterrichtseinheiten. Wie man Geschichte (an)ordnen kann. Schwalbach/Ts. 2016

Pandel, Hans-Jürgen (Hg.): Geschichte konkret. Ein Lern- und Arbeitsbuch, Bd. 1. Hannover 2003

Pendry, Louise: Soziale Kognition. In: Jonas, Klaus/Stroebe, Wolfgang/Hewstone, Miles (Hg.): Sozialpsychologie. 6. Aufl. Berlin 2016, S. 107–140

Peters, Christian: Operationalisierung des Werturteilsbildungsprozesses im Geschichtsunterricht auf der Basis der Trennung von Sach- und Werturteil. In: Geschichte für heute 13 (2020), H.2, S. 49–66

Peters, Jelko: Geschichtsstunden planen. St. Ingbert 2014

Reeken, Dietmar von: Geschichtskultur. Module für die Oberstufe. Berlin 2012

Rohlfes, Joachim: Curriculumentwicklung und Lernzielermittlung. In: ders./Jeismann, Karl-Ernst (Hg.): Geschichtsunterricht. Inhalte und Ziele. Arbeitsergebnisse zweier Kommissionen. Stuttgart 1974, S. 8–27

Rüsen, Jörn: Erfahrung, Deutung, Orientierung – drei Dimensionen des historischen Lernens. In: ders.: Historisches Lernen. Grundlage und Paradigmen. Mit einem Beitrag von Ingetraud Rüsen. 2. Aufl. Schwalbach/Ts. 2008, S. 61–69

Rüsen, Jörn: Geschichtskultur. In: Bergmann, Klaus u. a. (Hg.): Handbuch der Geschichtsdidaktik. 5. Aufl. Seelze 1997a, S. 38–41

Rüsen, Jörn: Historik. Theorie der Geschichtswissenschaft. Köln u. a. 2013

Rüsen, Jörn: Werturteile im Geschichtsunterricht. In: Bergmann, Klaus u.a. (Hg.): Handbuch der Geschichtsdidaktik. 5. Aufl. Seelze 1997b, S. 304–308

Sabrow, Martin/Jessen, Ralph/Große Kracht, Klaus (Hg.): Zeitgeschichte als Streitgeschichte. Große Kontroversen nach 1945. München 2003

Sauer, Michael: Begriffslernen und Begriffsarbeit im Geschichtsunterricht. Frankfurt/M. 2019

Sauer, Michael (Hg.): Geschichte und Geschehen, Bd. 3. Ausgabe für NW, HH, MV, SH, ST Gymnasium ab 2015. Stuttgart 2017

Schmid, Hans-Dieter: Vorurteile und Feindbilder. In: Bergmann, Klaus u.a. (Hg.): Handbuch der Geschichtsdidaktik. 5. Aufl. Seelze 1997, S. 315–319

Schneider, Gerhard: Gelungene Einstiege. Voraussetzungen für erfolgreiche Geschichtsstunden. 7. Aufl. Schwalbach/Ts. 2013

Schönemann, Bernd/Thünemann, Holger/Zülsdorf-Kersting, Meik: Was können Abiturienten? Zugleich ein Beitrag zur Debatte über Kompetenzen und Standards im Fach Geschichte. Münster 2010

Schreiber, Waltraud: Kompetenzbereich historische Methodenkompetenzen. In: Körber, Andreas/Schreiber, Waltraud/Schöner, Alexander (Hg.): Kompetenzen historischen Denkens. Ein Strukturmodell als Beitrag zur Kompetenzorientierung in der Geschichtsdidaktik. Neuried 2007, S. 194–235

Schreiber, Waltraud: Leitfaden und Bausteine zur De-Konstruktion „fertiger Geschichten“ im Geschichtsunterricht. In: Sächsische Akademie für Lehrerfortbildung Meißen (Hg.): Geschichte denken statt pauken. Didaktisch-methodische Hinweise und Materialien zur Förderung historischer Kompetenzen. Meißen 2005, S. 217–225

Schulz, Wolfgang: Unterricht. Analyse und Planung. In: Heimann, Paul/Otto, Gunter/Schulz, Wolfgang (Hg.): Unterricht. Analyse und Planung. 6. Aufl. Hannover u.a. 1972, S. 13–47

Schulz-Hageleit, Peter: Werturteilsbildung und Urteilskompetenz. In: Lützelberger, Anne/Mohr, Deborah (Hg.): Politisch-historische Urteilskompetenz in Theorie und Praxis. Beiträge zu einer aktuellen fachdidaktischen Diskussion. Baltmannsweiler 2011, S. 23–33

Schwan, Gesine: In der Falle des Totalitarismus. In: Die Zeit, Nr. 27 vom 25.6.2009

Strack, Fritz/Deutsch, Roland: Reflective and Impulsive Determinants of Social Behavior. In: Personality and Social Psychology Review 8 (2004), S. 220–247

Tagesschau Online: Würdevoll oder geschmacklos? ICE mit Namen „Anne Frank“, vom 30.10.2017 (Online unter https://web.archive.org/web/20171102135323/http://www.tagesschau.de/inland/ice-anne-frank-101.html; zuletzt abgerufen am 20.6.2020)

Thünemann, Holger: Geschichtskultur revisited. Versuch einer Bilanz nach drei Jahrzehnten. In: Sandkühler, Thomas/Blanke, Horst Walter (Hg.): Historisierung der Historik. Jörn Rüsen zum 80. Geburtstag. Wien u.a. 2018, 127–149

Thünemann, Holger: Historische Werturteile. Positionen, Befunde, Perspektiven. In: Geschichte in Wissenschaft und Unterricht 71 (2020), H. 1/2, S. 5–18

Thünemann, Holger: Unterrichtsplanung und Verlaufsformen. In: Günther-Arndt, Hilke/Handro, Saskia (Hg.): Geschichts-Methodik. Handbuch für die Sekundarstufe I und II. 5. Aufl. Berlin 2015, S. 257–268

Uffelmann, Uwe: Die Befähigung zum sozialen Handeln als Dimension des Verbots der Überwältigung des Schülers. In: Schiele, Siegfried/Schneider, Herbert (Hg.): Das Konsensproblem in der politischen Bildung. Stuttgart 1977, S. 185–201

Wagner-Hasel, Beate: Antike Welten. Kultur und Geschichte. Frankfurt/M. 2017

Wehling, Hans-Georg: Konsens à la Beutelsbach? Nachlese zu einem Expertengespräch. Textdokumentation aus dem Jahr 1977. In: Widmaier, Benedikt/Zorn, Peter (Hg.): Brauchen wir den Beutelsbacher Konsens? Eine Debatte der politischen Bildung. Bonn 2016, S. 19–27

Wenzel, Birgit: Über Geschichte kommunizieren. In: Günther-Arndt, Hilke/Handro, Saskia (Hg.): Geschichts-Methodik. Handbuch für die Sekundarstufe I und II. 5. Aufl. Berlin 2015, S. 191–202

Weymar, Ernst: Werturteile im Geschichtsunterricht. In: Geschichte in Wissenschaft und Unterricht 21 (1970), S. 198–215

Widmaier, Benedikt/Zorn, Peter (Hg.): Brauchen wir den Beutelsbacher Konsens? Eine Debatte der politischen Bildung. Bonn 2016

Wieland, Joachim: Was man sagen darf: Mythos Neutralität in Schule und Unterricht. Hintergrundpapier zu „Politische Bildung in der Schule". Berlin 2019

Wunderer, Hartmann: Geschlechtergeschichte. Historische Probleme und moderne Konzepte. Braunschweig 2005

Xenophon: Die Sokratischen Schriften. Memorabilien, Symposion, Oikonomikos, Apologie, hg. und übers. von Ernst Bux. Stuttgart 1956

Ziegenhagen, Jörg: Urteilsbildung. Modelle für eine erfolgreiche Urteilsbildung im Geschichts- und Politikunterricht. In: Praxis Geschichte 3/2013, S. I-IV

Zülsdorf-Kersting, Meik: Historische Urteilsbildung. Theoretische Klärung und empirische Besichtigung. In: Hasberg, Wolfgang/Thünemann, Holger (Hg.): Geschichtsdidaktik in der Diskussion. Grundlagen und Perspektiven. Frankfurt/M. 2016, S. 197–223

KLEINE REIHE
GESCHICHTE

Markus Drüding, Martin Schlutow

Vergleich(en) im Geschichtsunterricht

Vergleiche kommen im Geschichtsunterricht in vielen Varianten vor und können in ihrer Bedeutung für die Ziele des Faches nicht hoch genug eingeschätzt werden. Dennoch sind sie bislang kaum Gegenstand geschichtsdidaktischer Reflexion. Dieser Band diskutiert die Relevanz des Vergleichens für die Förderung historischen Denkens.

Welche Funktionen erfüllt der historische Vergleich in Geschichtswissenschaft und -unterricht? Welche Arbeitsschritte sind bei der Durchführung von Vergleichen im Geschichtsunterricht zu beachten? Welche Potentiale und Herausforderungen sind mit historischen Vergleichen verbunden? Und wie können historische Vergleiche in verschiedenen Schulstufen und auf unterschiedlichen Komplexitätsniveaus sinnvoll in den Geschichtsunterricht integriert werden? Auf diese und weitere Fragen gibt dieses Buch mithilfe praxisnaher Beispiele differenzierte Antworten.

ISBN 978-3-7344-0798-7,
80 S., € 12,90

E-Book ISBN 978-3-7344-0799-4
(PDF), € 9,99

Die Autoren

Dr. Markus Drüding ist Studienrat am Alten Gymnasium in Oldenburg.

Dr. Martin Schlutow ist Studienrat im Hochschuldienst am Institut für Geschichtsdidaktik der Universität Münster.

www.wochenschau-verlag.de  www.facebook.com/wochenschau.verlag @wochenschau-ver